関 慈謙 著

日蓮聖人の言葉集

自《じ》灯《とう》明《みょう》、法《ほう》灯《とう》明《みょう》

国書刊行会

前書き

「自灯明《じとうみょう》、法灯明《ほうとうみょう》」とは、「自らを灯明とし、法を灯明とす」と読みます。涅槃経の文です。釈迦如来は自身の入滅に際し、弟子阿難を筆頭に弟子達に対し最後の説法をします。その時、阿難は尊敬する釈迦如来がまさに入滅するその場面で涙します。その状況を見て、釈迦如来は、

阿難よ、汝等は今においても、わがなき後においても、自らを灯明とし、自らを依所として、他人を依所とすることなく、また、法を灯明とし、法を依所として、他を依所とすることなくして修行せよ。

と遺訓《いくん》します。ここから、仏教の修行の根本理念として「自灯明、法灯明」の精神が生まれます。この理念は当然ですが、法華経の根本精神でもあり、日蓮聖人にも受け継がれています。

とは言うものの、現実の信仰の中で、この精神が生かされているかというと、答えは否です。日本の今日の実際の信仰では、「自灯明、法灯明」の精神はないがしろにされ、神仏に対する他力本願的な信仰が一般的です。私達の宗派である日蓮正宗及び日蓮正宗系においては、

より御本仏日蓮大聖人に対する信仰が顕著になっています。私はこういう状況を変えなければいけないとの精神から、昭和六十二年（一九八七）十月に本門法華堂を設立いたしました。

爾来三十数年間、日蓮聖人の法勝人劣《ほうしょうにんれつ》、法本尊正意《ほうほんぞんしょうい》の教えを毎月の定例御講において、講話させていただいています。ほぼ毎回日蓮聖人の御書を通して、お話させていただいていますが、それらの講話を通して、日蓮聖人の遺文である御書が、鎌倉時代の文章であり、かつ漢文調の文章であることから、現代人にはなかなか簡単に理解しにくい面があると感じていました。

そこで、なんとか日蓮聖人の教えを、その趣旨を変えることなく、現代人がわかるように平易かつ理解しやすい言葉に置き換えて、日蓮聖人の言葉として文章化できないものかとの思いでおりました。そこで、日蓮聖人生誕八百年記念の年（令和三年）を契機として、『自灯明、法灯明』の出版を発願し、このたび完成の運びとなりました。この書が、少しでも日蓮聖人の教えを現代風に反映することができれば、日蓮聖人の報恩に資することができると思います。

なお、本文及び講話において日蓮聖人・釈迦如来などの人物名への尊称は省略していない箇所もありますが、基本的には省略させていただきました。

令和六年（二〇二四）十月

目次

目次

講話集

御書集

一　自らを灯明とし、法を灯明とす

「自らを灯明とし、自らを頼りとして、他人を頼りとせず、法（真理）を灯明とし、法（真理）を頼りとして、他のものを頼りとせず」。

この文は涅槃経に説かれる釈迦の遺言であり、仏教の基本的姿勢である。この「自らを灯明とし、法を灯明とす」は別の言い方では、依法不依人《えほうふえにん》（法に依って人に依らず）とも称されるが、仏教の長い歴史の中で、この基本的大原則もさまざまな経緯を経て、今日に至っている。どちらかというと、この大原則も言葉だけが残っていると言ってよい。まさしく死語になっていると言える。日蓮はこの大原則を大切にしたい。釈迦の精神を今に生かしたい。

金に似た石がある。また実の金もある。珠《たま》に似た石がある。また実の珠もある。愚者は金に似た石を金と思い、珠に似た石を珠と思う。この故に、また金に似た石と実の金と、珠に似た石と実の珠と勝劣を争う。

世間の人々はどちらが真理かを見極められないが故に、あるいは多くの人が言っているということだけで信じ、内容を見極めずに、真実を説く一人の実義を捨て、あるいは上人と尊称される人の言を信じて、上人と尊称されない人の実義を捨てる。あるいは権威のある人の言う義に付いて、権威がないというだけで実義を捨てる。仏は「法（真理）に依って人に依らず」と誡めたのに、末代の諸人は、その逆の「人によって法（真理）に依らず」ということになっている。

当世の僧俗、多くは権威ある人の説ということを以って根本とし、経文に説かれる真理を重要視していない。日蓮は釈迦の説いた経文に説かれる真理を根本としたい。（「依法不依人御書」）

【原文】「依法不依人御書」　文永期

金に似たる石あり、また実の金あり、珠ににたる石あり、実の珠あり。愚者は金ににたる石を金とをもい、珠ににたる石を珠とをもう。この僻案《びゃくあん》の故に、また金に似たる石と実の金と、珠に似たる石と実の珠と勝劣をあらそう。

世間の人々は何れを是という事をしらざる故に、或は多人のいうかたにつきて一人の実義をすて、或は上人の言について少人の実義をすつ。或は威徳の者のいうぎにつきて、無威の者の実義をすつ。

仏は依法不依人《えほうふえにん》といましめ給へども、末代の諸人は依人不依法となりぬ。

二　この世は、誰かが造ったものではない　原因と結果の法則のみがある

この世は、誰かが造ったものではない。

宇宙や森羅万象《しんらばんしょう》を造るような、そういう絶対者はいない。

絶対神を真っ向から否定するのが仏教である。

すなわち無我である。

我が無いという、自分を無くすという言葉で使われる。そういう意味もないわけではない。

がしかし、無我の一番の言わんとするところは、絶対者がいないということである。

この世は、絶対的な神様や仏様が造ったわけではない。

あるべくしてあったのである。物事は原因と結果によってしかない。

この因果の法則のことを無我という。

この世には運命を感じさせることもある。

また過去からの決まった宿命を感じさせるようなこともある。
しかしよく考えてみると、これも因果によって生じたのである。
したがって運命も宿命も変えることができるものである。

私たちは両親や祖先から、生まれながらにして善悪の性質を受け継いでいる。
重要なことは善の性質を伸ばし、悪の性質を抑制することだ。
善因には善果があり、悪因には悪果がある。
この世は因と果がすべてである。（「法華経方便品」）

【原文】「妙法蓮華経方便品第二」
仏《ほとけ》の成就《じょうじゅ》したまえる所《ところ》は、第一希有《だいいちけう》、難解《なんげ》の法《ほう》なり。唯《ただ》、仏《ほとけ》と仏《ほとけ》とのみ、乃《いま》し能《よ》く諸法《しょほう》の実相《じっそう》を究尽《くじん》したまえり。

注①　方便品…方便品第二は法華経序品第一が釈迦説法の場所や登場人物の説明など釈迦説法の前段階の品（章）であることから、法華経の内容的な実質上の始まりである。品は現代の章に当たる。

三　仏はどこかにいて、私たちに功徳と罰を与えるのではない。私たちの中にこそ仏は存在するのである

地獄と仏とは、どこに存在するのかを考えたとき、
ある経典には地獄は地の下にあると説き、
またある経典には、
仏は西方の極楽浄土にいて、私たちがそこに往生すると救われると説いている。
けれども、実のところ地獄も仏の世界もどこかにあるのではない。
私たちの五尺の身の内にあるのである。

私たちが心の内に父を侮り、母をおろそかにするとき、
すでに心は地獄そのものである。
このように、仏はどこかに存在し、
私たちを救うというものではなく、

私たちの心の内に実は仏が存在するのである。
あたかも、石の中に火があり、珠の中に財があるように。
私たち凡夫は、自分自身のまつげの近きと、虚空の遠きとは見ることがない。
同様に、私たちの心の内に、仏はいるということを、
私たちは気付かないのである。（「十字御書」）

【原文】「十字御書」　弘安四年一月　六十歳

そもそも地獄と仏とは、何れの所に候ぞと尋ね候へば、あるいは地の下と申す経もあり、あるいは西方等と申す経も候。しかれども、委細に尋ね候へば、我等が五尺の身の内にみえて候。さもや覚え候事は我等が心の内に父をあなづり、母をおろかにする人は、地獄その人の心の内に候。

たとへば、蓮の種の中に花と菓との見ゆるがごとし。仏と申すことも、我等の心の内におわします。……我等凡夫は、まつげの近きと、虚空の遠きとは見候ことなし。我等が心の内に、仏はおわしましけるを知り候はざりけるぞ。

四　人間の願いが生み出した仏

西方極楽浄土の阿弥陀如来も、
東方浄瑠璃世界の薬師如来も、
真言宗に説く大日如来も、
東大寺大仏で有名な毘盧遮那仏、
浅草寺に象徴される観世音菩薩、
その他歴史的実在としての釈迦如来以外の仏は、
すべて人間が創り出した架空の仏たちである。

また、釈迦如来も、私たち衆生の主であり、師であり、親であるというように、
絶対的な存在として考えられている。
けれども、実は反対で、
私たち凡夫が釈迦如来に対して、

「主であり、師であり、親である」という三つの徳を冠しているのである。

一般に私たちが考えている仏というのは、実は私達衆生が仏というものはこうであって欲しいという願いから、絶対的な仏という存在を生み出したのである。（「諸法実相抄」）

【原文】「諸法実相抄」　文永十年五月　五十二歳

されば釈迦・多宝の二仏というも用の仏なり。妙法蓮華経こそ本仏にてはおはし候へ。……凡夫は体の三身にして本仏ぞかし。仏は用の三身にして迹仏なり。しかれば、釈迦仏は我等衆生のためには主師親の三徳を備へ給うと思いしに、さにては候はず。返って仏に三徳をかぶらせ奉るは凡夫なり。

五　お釈迦様の足と身長

偶像を崇拝しない。
これは仏教の根本理念だった。
だったと過去形にしたのは、現実がそうなっていないからである。
どこのお寺に行っても仏像だらけである。

実は、仏像崇拝は、釈迦が亡くなって四、五百年後にはじまる。
初期仏教には仏像はなかったのである。
仏像の始まりは仏足石からである。
仏足石とは、釈迦の足を石に彫って、
それを釈迦が存在した証しとして、釈迦を信仰したのが始まりだ。
それが時代と共に序々に大きくなり、最初の頃約二十センチ位だったものが、
釈迦は普通の人間ではないということから、

いつのまにか標準で四十四センチになっていく。
大きいものは七十数センチのものまである。
しかも、足の裏にいろんな模様が書いてある。
本人である釈迦は遺言で偶像を禁止したにもかかわらずである。

この足跡から換算して、釈迦の身長は大体一丈六尺（約五メートル）である。
仏像はこの寸法が基本である。
昔の人は、本当にあの大きさが釈迦の大きさだと信じていた。
偉大な人間は、外見まで偉大になっていった。
実際には、そんな大きな人間はいない。（「撰時抄」）

【原文】「撰時抄」　建治元年六月　五十四歳

大集経に大覚世尊、月蔵菩薩に対して未来の時を定め給へり。所謂我が滅度の後の五百歳の中には解脱堅固、次の五百年には禅定堅固已上一千年、次の五百年には読誦多聞堅固、次の五百年には多造塔寺堅固已上二千年、次の五百年には我が法の中に於いて闘諍言訟して白法隠没せん等云々。この五の五百歳、二千五百余年に人々の料簡さまざまなり。

六　自分の道

人の好みはさまざまだ。
花をこよなく愛する人がいる。月を好む人もいる。
酸っぱいものが大好きという人、
苦いものが大好きという人、
辛いものが大好きという人、
甘いものに目のない人がいる。

小さいものが好きな人、逆に大きいものを好む人、
善行を好む人、逆に悪行を好む人、人の好みはさまざまであり、
人はそれぞれ異なった価値観や好みを有するがゆえに、
十人いれば十人の好みがあり、百人いれば百人の好み、千人いれば千人の好みがある。
人にそれぞれ千差万別の違いがあるように、仏になる道もそれぞれだ。

同じ道を歩む必要はない。

それぞれの道があってよい。

終着点は同じでも、そこにいくまでは、それぞれの行き方があってよい。

最短の道を歩む人、遠回りが好きな人、
最速で到達したい人、ゆっくり行きたい人、どの道をどのようにして歩んでもよいのだ。

自分の道を歩むことが大切である。（「千日尼御返事」）

【原文】「千日尼御返事」　弘安三（一二八〇）年七月　五十九歳
　九界・六道の一切衆生各々心々変われり。譬へば二人・三人・乃至百千人候へども一尺の面《かお》の内、実に似たる人一人もなし。心の似ざる故に面《かお》も似ず。まして二人・十人・六道・九界の衆生の心、如何が変わりて候らむ。
　されば、花を愛し、月をあいし、酸きをこのみ、にがきをこのみ、ちいさきをあいし、大なるをあいし、いろいろなり。善をこのみ、悪をこのみ、しなじななり。かくのごとくいろいろに候へども、法華経に入りぬれば唯一人の身、一人の心なり。
　譬へば衆河の大海に入りて同一鹹味《どういっかんみ》なるがごとく、衆鳥の須弥山《しゅみせん》に近づきて一色なるがごとし。

七　開発

目の前の蔵《くら》にどんなに財があっても、その蔵を開ける鍵が無ければ蔵は開かない。

開くことができなければ蔵の中の財というのは、見ることもできないし手にすることもできない。

私たちには一人一人眠っている何かがある。

自分自身でも気づかない潜在的な力というものがある。

それを知らないまま、大方《おおかた》は生きて、いつのまにか人生が終わりになってしまう。

自分の持っているすばらしいものに目覚めないまま、人生が終わってしまう。

そういう生き方ではなく、
自分の持てる力を精一杯発揮したと言える人生、そういう生き方をしよう。

問題はその蔵を開ける鍵である。それが善知識である。

どんなにその人物が優れた人物であり、才能もあり、知恵もあり、力があっても、使わないというか、それを有効に活用できなければ無いのと同じ。

大切なのは善知識である。善知識とは善なる知識ということだ。

人である場合もあるし、ものごとである場合もある。

避けるべきは悪知識である。悪知識も人である場合もあれば、ものごとである場合もある。

善知識によって人生が切り開けたらどんなにかすばらしいであろう。

まずは、切り開いていこうという気持ちが重要であり、そこから成功への道が始まる。

人生を切り開くことができた人は幸せな人生である。私達自身の潜在的な力というもの、仏教の言葉でいうと仏性、それを切り開く。あるいは仏性を導き出すと言ってもいい。

弱く生きるのではなく、強く生きて人生を開いていこう。（「法華題目抄」）

【原文】「法華題目抄」　根本大師門人　日蓮　文永三年一月　四十五歳
妙とは、法華経に云はく、「方便の門を開きて真実の相を示す」云々。章安大師の釈に云はく、「秘密の奥蔵《おうぞう》を発《ひら》く、之を称して妙と為す」云々。妙楽大師此の文を受けて云はく「発とは開なり」等云々。妙と申す事は開と云ふ事なり。世間に財を積める蔵《くら》に鑰《かぎ》なければ開くこと難《かた》し。開かざれば蔵の内の財を見ず。

八　円満

大海の一滴の水には、流れてきた全ての河川の水が集約されて、そこにある。たとえ一滴であってもそうだ。

また、秋冬に枯れたように見える草木が、春夏になって太陽が当たると、葉や枝や華《はな》や実が自然に具《そな》わるように、法灯明・自灯明の教えは信仰と修行を通して人生の円満を私たちにもたらす。

時がいたれば冬枯れの木に自然と華が咲き、実がなるように、法華経の信仰というものは不思議と円満になる。

一般的に、宗教というと大体他力の教えか、もしくは他力的な教えが主流である。一方法華経は、自立自力の教えである。しかし、法華経が自立自力の教えであると理解し、実際そのように実践している人が、果たしてどれだけいるだろう。

人生はちょうど草木の一年に喩《たと》えられる。

人生の大きな壁にぶち当たった人、社会の荒波に挫折した人にとって、人生はちょうど葉が散って一見枯れ木に見える草木と同じだ。

その枯れたようにしか見えない草木も、春に太陽の日を浴びてくると、必ず華が咲く。

そして花が散ると今度は葉が芽を出す。そうして夏になると実をつける。

そのように今いかに苦しくとも、外に仏や神を求めず、自己の中の仏を信じていけば必ず春が来る。そして華が咲き、実が成る。

不思議といえば不思議だけれども、必然といえば必然である。

円満になるべくして円満になるのである。

人生はそれぞれに波乱に富んでいる。波乱がないように見えて、それなりにあるものだ。

善悪いろいろなことがあるだろうが、法を信じ己れを信じて生きていくとき、すべての困難を乗り越えて円満になる。（「法華題目抄」）

【原文】「法華題目抄」　根本大師門人　日蓮　文永三年一月　四十五歳

妙とは具《ぐ》の義なり。具とは円満の義なり。法華経の一々の文字、一字一字に余の六万九千三百八十四字を納めたり。譬へば大海の一渧《いちてい》の水に一切の河の水を納め、……秋冬枯れたる草木の、春夏の日に値ひて枝葉華果出来するが如し。

九　蘇生

法華経方便品第二では、「そのとき世尊、三昧より安詳《あんじょう》として起《た》ち、舎利弗に告げたまわく」から始まるが、ここに登場する舎利弗はじめ目連・迦葉など釈迦に長い間付き従ってきた弟子たちは、自らと釈迦を差別して、自分たちは師である釈迦のようにはなれないと決めつけ、仏になることを断念した修行僧たちだった。

釈迦の説法の目的は、この自ら仏になれないと思い込んでいる弟子たちを、いかにして仏になれるんだと思わせるかということであった。

問題は、弟子たちが自ら釈迦のようにはなれないと考えていたことである。

ここから釈迦と弟子たちとの「その気にさせるストーリー」が始まる。あるときはストレートに、あるときは譬えを用い、あるときは方便を用いて、最終的に弟子たちも私は仏になれるのだと自覚し、ついに仏となっていく。

その過程で、今まで仏になど到底なれないと諦めていた弟子たちが、それぞれ仏になれるのだと目覚めていくさまは、実に感動的であり、ここから法華経を称賛して、法華経は再生《さいせい》敗種《はいしゅ》の経典と呼ばれる。

敗種とは焼いた種、腐った種ということで、二度と芽が出ない種という意味である。二度と芽の出ることのない種でも、正しい法と優れた師に縁をすれば再び芽が出るのである。

私達には仏性がある。仏性の無い人はいない。仏になれないと思っている人は、自分で勝手にそう思いこんでいるだけで、仏性はある。

仏になりたい、なろうという意思さえあれば、だれもが仏になれる。

そういう意味で、人間は蘇る。

法華経が蘇生の経典と称されるゆえんである。（「法華題目抄」）

【原文】「法華題目抄」　根本大師門人　日蓮　文永三年一月　四十五歳

妙とは蘇生《そせい》の義なり。蘇生と申すは、よみがへる義なり。……爾前の経々にて仏種を焦《い》りて死せる二乗・闡提・女人等、妙の一字を持《たも》ちぬれば、焦《い》れる仏種も還りて生ずるが如し。……大方広仏華厳経・大集経・大般若経・大涅槃経等は、題目に大の字のみありて妙の字なし。但生者《いけるもの》を治して死せる者をば治せず。法華経は死せる者をも治す。故に妙と云ふ……。

十　いざという時の行動

昔、友人に勧められて金魚屋さんが法華経の信仰をしようと決心し、入信するが、一向に南無妙法蓮華経と唱えようとしない。不審に感じた友人が、

「どうして南無妙法蓮華経を唱えないのか」

と問いただすと、金魚屋さんは、けげんな顔でこう言い返した。

「あなたは生涯一度南無妙法蓮華経と唱えたら成仏すると教えてくれたではないか。私はそれを守り実践したい」

と。

その金魚屋さんもいよいよ臨終を迎え、その間際に、最後の力を振り絞って南無妙法蓮華経と唱えようとする。ところが、それまで一度も南無妙法蓮華経と唱えたことがないものだから、なかなか唱えることができない。

それでもなんとか唱えようとし、言葉を発した。しかし、出てきた言葉は、

「えー金魚」。

人間普段していることしか、いざという時もできないのだ。

提婆達多《だいばだった》は釈迦のいとこに当たる修行僧で、最初は釈迦の弟子だったが、後に釈迦から離反し、釈迦に対して悪道の限りをつくして、仏教では最悪の人物として有名である。

この提婆達多が最後臨終を迎えるあたり、改心して、その気持ちを表そうとして「南無仏」と唱えようとしたのだが、「南無」とは言えるのだが、どうしても「仏」の一言が出てこない。結局「南無仏」の一言が言えずに寂《じゃく》して、地獄に落ちるという逸話がある。

いざという時の行動は、ひとえに普段の行いにかかっている。（「撰時抄」）

【原文】「撰時抄」　建治元年六月　五十四歳

大蒙古国の数万艘《そう》の兵船《ひょうせん》を浮かべて日本国をせめば、上一人より下万人にいたるまで一切の仏寺・一切の神等をばなげすてて、各々声をつるべて南無妙法蓮華経、南無妙法蓮華経と唱へ、掌を合はせたすけ給へ日蓮の御房、日蓮の御房とさけび候はんずるにや。……

提婆達多は釈尊の御身に血をいだししかども、臨終の時には南無と唱へたりき。仏とだに申したりしかば地獄には堕つべからざりしを、業深くして但《ただ》南無とのみ唱へて仏とはいわず。今日本国の高僧等も南無日蓮聖人と唱えんとすとも、南無計りにてやあらんずらん。

十一　衣裏珠《えりじゅ》のたとえ

友が他国に行くという。その国で立身出世を目指すという。

そこで、友を家に招いて酒宴《しゅえん》を開き、旅の無事と成功を期して、杯を酌《く》み交《かわ》わした。

その後、友は酔うて寝てしまった。

私も明日、公《おおやけ》の務めがあり、行くべき所があって、友を見送ることができないので、友の万一のため、これ以上ない宝珠を友の衣の裏に隠し、これを友に伝えて私も家を出た。

しかし、友は深く酔っていたため、餞別を覚知せず。起きた後、他国に至るも、大志を遂げるわけでもなく、衣食《えじき》のために艱難辛苦《かんなんしんく》し、徒《いたずら》に年数を重ねてしまう。もし少し生活に余裕があれば、大志を貫くことができたのではなかろうかと思う。

長い年月を経《へ》て、ようやく友と再会を果たすことができたのだが、友の何とみすぼらしいことか。そこで私は友にこう言った。

友よ、なんとみすぼらしいことか。
かつての凛々《りり》しい丈夫《じょうぶ》の姿はどこにいった。
どうして衣食のために、無為に年月を無駄にしているのか。
私が餞別で送った宝珠はどうしたのだ。
私は君が身を立つだけの財を与えたではないか。

果たして、友は知らなかった。

友よ、やり直そうではないか。いまだ遅くない。
今後、君が再起するとき、私が与えた宝珠を用いて、初心を大切にしてほしい。
きっと成功するはずである。それだけの資質が君にはある。

衣裏《えり》の宝珠は、私たちに生まれながらに与えられた可能性である。
その可能性を無為にしていないか。衣食の中に道心なく、道心の中に衣食あり。そういう生き方をすべきである。（「法華経五百弟子受記品」）

【原文】「妙法蓮華経五百弟子受記品第八」　衣裏珠《えりじゅ》の譬《たとえ》

たとえば人あり。親友の家に至りて、酒に酔うて臥《ふ》せり。この時親友、官事《かんじ》のまさに行くべきあって、無価《むか》の宝珠《ほうじゅ》をもってその衣《ころも》の裏《うら》に繋《か》け、これを与《あた》えて去《さ》りぬ。その人酔い臥《ふ》して、すべて覚知《かくち》せず。起《お》き已《おわ》って遊行《ゆぎょう》し、他国に至りぬ。衣食《えじき》のための故に、勤力《つとめ》求《ぐ》索《しゃく》すること、甚だ大いに艱難《かんなん》なり。もし少し得るところあれば、すなわち以って足りぬとなす。後に親友会い遇《お》うて、これを見て、この言をなして、

咄《つたな》いかな丈夫《じょうぶ》。なんぞ衣食のために、すなわちかくの如くなるに至る。われ昔、汝をして安楽なることを得、五欲《ごよく》に自《みずか》ら恣《ほしいまま》ならしめんと欲《ほっ》して、それがしの年日月において、無《む》価《か》の宝珠《ほうじゅ》を以《も》って、汝《なんじ》が衣《ころも》の裏《うら》に繋《か》けぬ。今なお現にあり。しかるを汝知らずして勤苦《ごんく》し憂悩《うのう》して、以って自活を求むること甚だこれ痴《ち》なり。汝今この宝を以って須《もち》いるところに貿易すべし。常に意の如く乏短《ぼうたん》なるところ無かるべし。

といわんが如く、仏もまたかくの如し。我らを教化《きょうけ》して、一切智の心を発《おこ》さしめたまいき。しかるを廃忘《はいもう》して、知らず覚《さと》らず。われ今すなわち知んぬ。実にこれ菩薩なり。

十二　開　目

経典には、法華経の行者は諸天善神が守護すると説かれているのに、日蓮は鎌倉龍《たつ》の口《くち》の刑場で首を切られそうになった。切られはしなかったものの佐渡に流罪になった。なぜ諸天善神は日蓮を守護しないのであろうか。日蓮ほど法華経に命を懸け、人生を捧げている者はいないと自負してはいる。

日蓮は果たして本物の法華経の行者といえるか。はたまた偽の行者なのか。

日蓮を誹謗中傷する人は、だから日蓮は法華経の行者ではないというであろう。世間の疑いといい、自心の疑いといい、どうして天は日蓮を扶《たす》けないのであろう。諸天は法華経の行者を守護すると仏の前に御誓いしているのにと種々思うところはある。

けれども、ただ思い切っていこう。諸天の加護を欲するのは止《や》めよう。諸天が日蓮を加護しようとしまいと、自分の信ずる道を歩むのみだ。詮ずるところは天も捨てるがよい。諸難にも遭《あ》え。身命を期すとしよう。

大願に生きるのだ。日本の柱となろう。日本の眼目となろう。日本の大船となろうと誓った願い、決して破ることはない。

我並びに我が弟子よ。

諸難があるとも疑う心なければ、自然に仏界にいたるであろう。天の加護なきことを疑うでない。また現世の安穏ならざることを嘆くでない。

我が弟子に朝夕教えてきたが、疑いを起こして捨てる者もいるだろう。拙《つたな》き者の習いは、約束したことを、まことの時は忘れるものだ。

天の加護、現世の安穏《あんのん》を求めて、愚人に褒められようとしてはいけない。愚人に褒められることこそ第一の恥である。（「開目抄」）

【原文】「開目抄」　文永九年二月　五十一歳

我日本の柱とならむ、我日本の眼目とならむ、我日本の大船とならむ等とちかいし願やぶるべからず。

我並びに我が弟子、諸難ありとも疑ふ心なくば、自然《じねん》に仏界にいたるべし。天の加護なき事を疑はざれ。現世の安穏ならざる事をなげかざれ。我が弟子に朝夕教へしかども、疑ひをこして皆すてけん。拙《つたな》き者のならひは、約束せし事を、まことの時はわするるなるべし。

十三　自　立

釈迦はその臨終にあたり、自分のために像や塔を建てないよう遺言した。その真意は釈迦の教えの目指すものは、一人一人の自立が大切であることを伝えたかったのである。しかし現実には、釈迦滅後、仏教では釈迦の像を本尊としてきた。日蓮は、文永八年（一二七一）九月十二日の夜、鎌倉の龍の口刑場で頸《くび》をはねられかけたが、その時の草庵の本尊は釈迦如来像であった。しかし、不思議なことに殺されることはなく、佐渡に流されることになる。

その佐渡流罪を契機に曼荼羅本尊を書写した。一方で、その後釈迦如来像を安置することはなくなった。その理由は、以前より暖めていた法華経の本尊を安置するためである。法華経の本尊とは、釈迦如来像ではない。南無妙法蓮華経である。

日蓮は龍口で一度死んだ身である。日蓮は生まれ変わった。いまここにいるのは魂魄《こんぱく》である。人は死を覚悟した後、その状況から生還したとき、生き方が根本から変わるものだ。

これからは仏教の原点に帰り、本尊は名実ともに法を本尊としよう。南無妙法蓮華経の本尊である。そして釈迦如来から自立しよう。

釈迦如来は仏教の教祖であり、尊い存在であるけれども、根本の本尊ではない。私達の帰依すべきは、仏の根本である法である。

私達の唱える言葉は、南無妙法蓮華経であり、南無釈迦如来ではない。

南無妙法蓮華経と唱えながら、釈迦如来を本尊とするのは、不自然である。

南無妙法蓮華経には妙法蓮華経が本尊としてふさわしい。

釈迦を本尊とせず、妙法を本尊とする理由は三つ。一は、仏の根源は法であること。二は、私たちは仏によって悟るのではなく、法によって悟る。三は、釈迦滅後末法における釈迦からの自立のためである。（「如来滅後五五百歳始観心本尊抄」）

【原文】「如来滅後五五百歳始観心本尊抄」　文永十年　五十二歳
其の本尊の為体《ていたらく》、本師の裟婆の上に宝塔空《くう》に居《こ》し、塔中《たっちゅう》の妙法蓮華経の左右に釈迦牟尼仏・多宝仏、釈尊の脇士《きょうじ》上行等の四菩薩、文殊・弥勒等は四菩薩の眷属《けんぞく》として末座に居し、迹化《しゃっけ》・他方の大小の諸菩薩は万民の大地に処《しょ》して雲閣月卿《うんかくげっけい》を見るが如く、十方の諸仏は大地の上に処したまふ。……
此の時地涌千界出現して、本門の釈尊を脇士と為《な》す一閻浮提第一の本尊、此の国に立つべし。（後述の「五十四・本門釈尊為脇士はどう読むか」を参照）

十四　眼　力

この法華経には我等が身、我等が心、我等が振舞いも如来と説かれている。

この経の一文一句を持ち信ずる人は、みなこの功徳を備えている。

南無妙法蓮華経と唱えることは、このことを信じているということである。


一切のことにつけて、肝要ということがある。

妙法蓮華経は、単に経典の名ではない。

単なる経文でもない。

経の肝心であり、肝要であり、骨髄とも言えるもので、人の魂と同じである。

人の身の五尺六尺の魂も、一尺の顔にあらわれ、
一尺の顔の魂も、一寸の眼の内にある。

眼とはそういうものである。

眼に力があるかどうか、それによって人は輝いているかしぼんでいるか、一目瞭然である。

眼に力がみなぎっていれば、その人の魂は生きているし、
眼に力がなければ、魂が死んでいるということになる。

同じように、南無妙法蓮華経の題目の内には、
法華経一部八巻・二十八品・六万九千三百八十四のすべての文字・一字ももれず、欠けず、
その意義と功徳を収めている。
ゆえに、経には題目たり、仏には眼たりというのである。

したがって、題目を唱えることは、
朝夕たとえ一遍であったとしても、
まさしく法華経一部を読誦するに等しい。
一遍の題目は、法華経をすべて一回読誦するのと同じである。

また、この経の題目は、教義に精通しなければいけないというものではない。
趣旨を理解すればいいのである。
習い読むことなくして大いなる善根である。（「妙法尼御前御返事」）

【原文】「六難九易抄《ろくなんくいしょう》（妙法尼御前御返事）」　弘安元年七月　五十七歳

此の法華経には我等が身をば法身如来、我等が心をば報身如来、我等がふるまひをば応身如来と説かれて候へば、此の経の一句一偈を持ち信ずる人は、皆此の功徳をそなへ候。南無妙法蓮華経と申すは是《これ》一句一偈にて候。

然《しか》れども、同じ一句の中にも肝心にて候。南無妙法蓮華経と唱ふるばかりにて仏になるべしやと、此の御不審の所詮に候。一部の肝要、八軸の骨髄にて候。

人の身の五尺六尺の魂《たましひ》も、一尺の面にあらはれ、一尺のかほのたましひも、一寸の眼《まなこ》の内におさまり候。……其のごとく南無妙法蓮華経の題目の内には一部八巻・二十八品・六万九千三百八十四の文字一字も漏れず、欠けずおさめて候。されば、経には題目たり、仏には眼たりと……。

一切の事につけて所詮肝要と申す事あり。法華経一部の肝心は、南無妙法蓮華経の題目にて候。朝夕御唱へ候はば、正《まさ》しく法華経一部を真読《しんどく》にあそばすにて候。……

さて此の経の題目は習ひ読む事なくして大いなる善根にて候。

十五　救い難い四人

救い難《がた》き者は四種類の人である。

一人目は、自分自身を自分で見限り、仏になることを自ら放棄した人、簡単にいうと諦めの人である。

二人目は、目先の欲求や利益にとらわれ、今さえよければよいという考えから、信仰や人間の生死に関心を持つことなく、宗教心の無い人である。

信ずるということができない人である。

三人目は、空心の者、空心とは、読んで字のごとく心が空っぽ、虚無的な考えの人であり、何事も後ろ向きにして無気力な人である。

四人目は、正と邪の判断が理解できず正邪が転倒している人。正しい法に対して、誤った考えから非難中傷する人である。

宗教に全く無関心なのは二人目だが、この人の場合は信仰心が無いというわけではない。信仰心はあるのだが、誤った考えに固執して、正しい法を誹謗してしまう人である。

したがって、この人の場合は考えが正しくなれば、誹謗は止むことになる。

こういう四人でも救われる道がないわけではない。目覚めることである。（「法華題目抄」）

【原文】「法華題目抄」　根本大師門人　日蓮　文永三年一月　四十五歳

総じて成仏往生のなり難《がた》き者四人あり。第一には決定性《けつじょうしょう》の二乗、第二には一闡提人《いっせんだいにん》、第三には空心の者、第四には謗法《ほうぼう》の者なり。此等を法華経にをいて仏になさせ給ふ故に、法華経を妙とは云ふなり。

十六　月こそ心よ、花こそ心よ

花と聞くと、私たちは綺麗とか美しいとかという印象を持つ。
また月と聞くと、澄みきったという印象を持つ。
しかし、実際には花を見て、綺麗に見えるときもあれば、そう見えないときもある。
月を見ても、澄んだ月に見えるときもあれば、そうでないときもある。
月や花は別の月や花ではない。
いつもの月や花なのにである。

なぜだろう。
先入観や心の問題だ。

私たちがものを見るとき、
どうしてもそこに私達自身の心に植えつけられた先入の観念が反映されてしまう。

花は綺麗で美しいもの、月は清らかで澄んでいるものというものである。

まさに、心の澄むは月のごとし。心の清きは花のごとし。

一般的には、そう考える。


しかし、深い教えはそうではない。今見えている月はまさしく自己の心の反映であり、今見えている花も、まさしく自己の心の反映であると考える。

自己の心が清らかであれば、月も清らかに見える。花も綺麗に見える。

逆に自己の心が汚れていれば、月は決して清らかには見えない。汚れて見えるのである。

花も綺麗には見えない。醜《みにく》く見える。

月こそ心、花こそ心である。（「白米一俵御書」）

【原文】「白米一俵御書」　弘安三年　五十九歳
爾前の経々の心は、心より万法を生ず。譬《たと》へば心は大地のごとし草木は万法のごとしと申す。法華経はしからず。心すなわち大地、大地即ち草木なり。爾前の経々の心は、心のすむは月のごとし、心のきよきは花のごとし、法華経はしからず。月こそ心よ、花こそ心よと申す法門なり。

十七　生きているときが勝負

普通仏教というと、一般的には死んでから仏になると考える。

これは世間に通用している一般的な考え方なので、世間通法といい、確かに、世間一般では仏教というのは、死んだ後に仏になることを目指すものと受け止められていて、亡くなった人を仏《ほとけ》さんともいう場合もあるくらいである。

浄土宗系の念仏信仰における極楽往生の考え方が、広く一般化したからと思うが、日本において、仏教は葬式仏教と言われるほど、葬式と仏教は切っても切れないほど深いつながりがあると思われている。

しかし、この日本においてさえ、葬式をしない宗派が存在するのだが、これを知っている人は少なかろうと思う。それはさておき、世間一般的には、人は死んだ後に仏になると考えられている。

しかし、法華経の教えは、

人は死んだ後仏になるということを優先せず、生きているときの成仏を目指す。というより、この南無妙法蓮華経の教えの内容である「自らを灯明とし、自らを頼りとして、他人を頼りとせず、真理を灯明とし、真理を頼りとして、他のものを頼りとせず」を受持し、純粋に実践した人は、必ず幸せになれるし、そこに成仏の姿がある。（「日有聞書」）

【原文】「連陽房雑々聞書《れんようぼうざつざつききがき》」　大石寺九世日有述

仰せに云《いわ》く、この経の印《しるし》によって、後生《ごしょう》成仏なりと云ふことなりと意得《こころえ》ず。たとえ世間通法《つうほう》の言葉なれば、この経を受持申してより信心無二なれば、即ち妙法連華経なり。即身成仏とは、ここもとを申すなり。

三界第一の釈迦も、すでに妙法蓮華経を得玉いてこそ、仏とは成り、三世諸仏もしかなり。底下薄地《ていげはくじ》の凡夫なりとも、この経を受持し妙法連華経と唱え奉れば、無作本覚の仏なり。

十八　災いは口より出て身を破る
幸いは、心より出て我をかざる

蓮華は清らかな花を咲かせるものであるが、
咲いている場所は、咲いている花には似つかわしくない泥中である。
また栴檀《せんだん》は香《こう》ばしきものであるが、その場所は大地である。
桜は美しい花であるが、木の中より花を咲かす。
月が山よりいでて山を照らすように、私たちの心は幸いや災いの大本《おおもと》である。
私たちの心が地獄であるならば、私たちには地獄が付いて回り、
餓鬼の心ならば餓鬼の世界が付いて回る。
心が畜生ならば、畜生の人生になり、
心が怒りに満ちていれば、行いも怒りに満ちたものになる。
また心が聖人のような心ならば聖人の行いになり、
菩薩の心で充満しているなら菩薩の道を歩むことになる。

心を清らかで柔軟なものにしよう、そうすれば私たちの周りには幸いが付いて回る。

災いは、心に発し、口より出てわが身をやぶる。

幸いは、心より出て我をかざるのである。

私たちはもとより煩悩の充満する凡夫であるが、またすばらしい宝も併せ持つ身でもある。

自らと法を信じていこう。

影は本体より生ずるもの、自らを灯明とせず、法を灯明としない人には、体に影の添うがごとく、災いが来るだろうし、反対に自らを灯明とし、法を灯明とする人には、幸いが万里の外より集まるだろう。あたかも栴檀に香ばしさの備わるように。（「十字御書」）

【原文】「十字御書」　弘安四年一月　六十歳
蓮は清きもの、沼よりいでたり。栴檀は香ばしき物、大地より生いたり。さくらは面白き物、木の中より咲きいづ。……月は山よりいでて山をてらす。わざわいは、口より出でて身をやぶる。さいわいは心より出でて我をかざる……。
法華経を信ずる人はさいわいを万里の外よりあつむべし。影は体より生ずるもの、法華経をかたきとする人の国は、体に影の添うがごとくわざわい来たるべし。
法華経を信ずる人は栴檀に香ばしさのそなえたるがごとし。

十九　蔵の財より、身の財すぐれたり。身の財より心の財、第一なり。

人間、財産がたくさんあって、健康だったら幸せと思うかもしれないが、そうではない。逆である。心が最も大事なのである。次が健康。そして財は三番目である。そう考えなければいけない。

日本には開闢《かいびゃく》以来、二人の天皇が殺されている。そのうち一人は崇峻《すしゅん》天皇（在位五八七～五九二）である。第三十三代の天皇で、聖徳太子（五七四～六二二）の叔父にあたる。聖徳太子の父である用明天皇（在位五八五～五八七）と崇峻天皇とが兄弟なのである。

一方、崇峻天皇殺害の首謀者である蘇我馬子《そがのうまこ》（?～六二六）は、聖徳太子の祖母の兄にあたり、かつ聖徳太子の妻がこの馬子の娘である。もともと崇峻天皇は、蘇我馬子が擁立して、皇位についた天皇だったが、後に関係がぎくしゃくするようになる。

ある時、猪の子どもが天皇に献上された。すると天皇は、何を思ったか刀を抜いて、まだ

小さい猪の目を刀で刺して、

「憎たらしい奴が一人いる。あいつをこういう風にしてやりたい」

と言ったのである。このことを聞いた蘇我馬子、

「我がことなり」

と、策を廻らし天皇を暗殺してしまう。


天皇といえばこの時代、実権を持っていた。したがって、すべてのことに対して、天皇自身の意に沿わないものはない。何でも手に入るし、自分の望むものはその通りになる時代である。

しかし、心に満たされない不平や不満あるいは恨みとか、そういうものがあると、場合によっては自分自身の身を滅ぼすことになる。それはたとえ天皇であっても、あるいは高貴な家柄であっても、同じである。いかなる人にとっても、もっとも重要なのは、高貴な家柄や財産でなく、心である。（「崇峻天皇御書」）

【原文】「崇峻天皇御書」　建治三年　五十六歳
蔵《くら》の財《たから》よりも身の財すぐれたり。身の財より心の財第一なり。……心の財をつませ給ふべし。……

十九　蔵の財より、身の財すぐれたり。

日本始って国王二人、人に殺され給ふ。其の一人は、崇峻《すしゅん》天皇なり……。第三十三代の皇《みかど》にてをはせしが、聖徳太子を召して……、朕《ちん》を相してまいらせよと云云。太子三度まで辞退申させ給ひしかども、頻《しき》りの勅宣なれば止みがたくして、敬ひて相しまいらせ給ふ。君は人に殺され給ふべき相ましますと。王の御気色《みけしき》かはらせ給ひて、なにと云ふ証拠を以て此の事を信ずべき。太子申させ給はく、御眼に赤き筋とをりて候。人に仇まるる相なり……。但し、五常と申すつはものあり。此を身に離し給はずば、害を逃れ給はん。此のつはものをば内典にては忍波羅蜜と申して、六波羅蜜の一なりと云々。

且くは、此を持ち給ひてをはせしが……、有る時、人猪《いこ》の子をまいらせたりしかば、笄《こうがい》を抜きて猪の子の眼をづぶづぶとささせ給ひて、いつか憎しと思ふやつをかくせんと仰せありしかば、太子其の座にをはせしが……、此の御言《ことば》は身を害する剣なりとて、太子多くの財を取り寄せて、御前にこの言を聞きし者に御引き出物ありしかども、或人蘇我《そが》の大臣《おとど》馬子と申せし人に語りしかば、馬子、我事なりとて、直駒と申す者を語らいて、王を害しまいらせつ。されば王位の身なれども、思う事をばたやすく申さぬぞ……。仏法と申すは是にて候ぞ。

教主釈尊の出世の本懐は、人の振る舞ひにて候けるぞ。穴賢穴賢。賢きを人と云ひ、はかなきを畜という。

二十　三つの道

仏への道は三つある。

もともと、仏教の教祖である釈迦自体の残したものというのは二つだった。法すなわち真理と戒律である。それに更に釈迦の滅後、その釈迦を代表とする仏そのものに対する信仰が加わるのである。その三つとは、仏の修行形態重視としての戒、仏の悟りの内容としての法、そして仏そのものへの信仰である。所謂《いわゆる》戒、法、仏を崇拝・信仰する三つの道である。

はじめに、仏の信仰で代表的な思想というと、法然・親鸞の教えということになる。この信仰は信仰の対象が釈迦如来ではないが、阿弥陀如来という仏様を信仰する教えである。

次ぎに道元や栄西に代表される思想の特徴は何といっても座禅であるが、その前提として戒律重視である。いわば戒律を中心とした修行重視の道ということになる。

三に、法重視の思想である。これは法華経の教えであり、日蓮の教えである。法重視とは、すなわち真理重視である。

形式や仏そのものより、仏の悟りの内容が重要だとする思想である。釈迦如来は仏であるが、どうして仏になったのか、そこがわかれば私達も仏である。仏の根本の部分を理解し信仰するのである。

いかなる仏といえども、最初から仏ではない。

仏が悟ったものそれが重要である。

日蓮の道は三番目の道である。（「一代聖教大意」）

【原文】「一代聖教大意」　正嘉二年　三十七歳

四教。一には三蔵教、二には通教《つうぎょう》、三には別教《べっきょう》、四に円教《えんぎょう》なり。

始めに三蔵教とは、阿含《あごん》経の意なり。この経の意は、六道より外は明かさず。……三蔵とは、一には経蔵または定蔵とも云ふ。二には律蔵または戒蔵とも云ふ。三には論蔵または慧蔵とも云ふ。

但し、経律論の定戒慧・戒定慧・慧定戒と云ふ事あるなり。

二十一　法華最第一と申すは、法に依るなり

末代悪世の現代において、私たちはなにをもって本尊とすべきであろうか。

思うに、法華経の題目をもって本尊とすべきであると思う。


日本国にはおおよそ十宗ある。

歴史の古い宗派から言えば、倶舎《くしゃ》・成実《じょうじつ》・律《りつ》・法相《ほっそう》・三論・華厳・真言・浄土・禅・法華宗となる。これらの宗は、みな本尊まちまちである。

これらの宗派の内、倶舎・成実・律の三宗は、生身の釈迦如来を本尊とする。

法相・三論の二宗は、観念的・普遍的な釈迦如来を本尊としている。

華厳宗は所謂大仏様、正式には大盧舎那仏《だいるしゃなぶつ》。

真言宗は大日如来。

浄土宗は阿弥陀仏。

禅宗は釈迦如来である。

けれども、比叡山に天台法華宗を開いた伝教大師最澄は、諸宗と異なり法華経を本尊とした。その訳は、諸宗は、名称は違っても仏を本尊とするのに対し、最澄は経を本尊としたが故である。

ならば、最澄はなにゆえ釈迦如来を本尊とせず、法華経の題目を本尊としたのであろうか。それは、法華経に説かれる妙法は、釈迦如来の父母であるばかりでなく、諸仏の根源であるがゆえである。

釈迦如来・大日如来などの諸仏は、法華経より出生したと言えるのである。

ゆえに釈迦如来は、入滅にあたり、

「法によって人に依らざれ」

と遺言された。

法華経が最第一の経典と言われる所以《ゆえん》は、法を根本とするからである。

日蓮が最澄を師と仰ぐ所以である。（「本尊問答抄」）

【原文】「本尊問答抄」　弘安元年九月　五十七歳

問うて云はく、末代悪世《あくせ》の凡夫は何物を以て本尊と定むべきや。答へて云はく、法華経の題目を以て本尊とすべし。………

　問うて云はく、日本国に十宗あり。所謂倶舎・成実・律・法相・三論・華厳・真言・浄土・禅・法華宗なり。此の宗は皆本尊まちまちなり。所謂倶舎・成実・律の三宗は、劣応身の小釈迦なり。法相・三論の二宗は、大釈迦仏を本尊とす。華厳宗は、台上の盧舎那報《るしゃなほう》身《しん》の釈迦如来。真言宗は大日如来。浄土宗は阿弥陀仏、禅宗にも釈迦を用ひたり。何ぞ、天台宗に法華経を本尊とするや。答ふ、彼等は仏を本尊とするに是は経を本尊とす。……

　問うて云はく、然らば汝如何《いかん》ぞ釈迦を以て本尊とせずして、法華経の題目を本尊とするや。答ふ、……法華経は釈尊の父母、諸仏の眼目なり。釈迦・大日総じて、十方の諸仏は、法華経より出生し給へり。……

　釈尊最後の御遺言に云はく、「法によって人に依らざれ」等云々。法華最第一と申すは法に依るなり。

二十二　天上天下唯我独尊

仏教の教祖は釈迦である。

この釈迦は、今から約二千数百年ほど前のインド、厳密にはネパールの生まれである。その釈迦族という一族の王子として生まれた。

釈迦の名は、本名ではなく、釈迦族の聖人という意味で、本名は、姓がゴータマ、名をシッダルタと言う。その釈迦は生まれたときに、七歩歩いて、こういうふうに言ったと伝えられている。

「天上天下唯我独尊《てんじょうてんげゆいがどくそん》」

現代では唯我独尊と言うと、独善的な意味に使われ、決して褒め言葉でない。

しかし本来の唯我独尊というのは、

「ただ我のみ一人尊い」

と読み、この世の中で天の上にも、天の下にも、唯一自分だけが、最も尊いのである、という意味である。

これは、独善的なという意味ではなく、この世の中で、自分以外に尊いものはないのである、自分が一番大切なんだと、それ以外に尊いものはないということである。

現在では、悪い意味に使われているけれども、

本来の意味は逆で、自分を大切にしようという意味である。

しかし、実際に生後まもなくの赤ちゃんが言うはずはない。

後世に創作された伝説であり、釈迦の教えを象徴的に伝えたエピソードということである。

（「月満御前御書」）

【原文】「月満御前御書」　文永八年五月　五十歳

釈迦仏は誕生し給ひて、七歩し、口を自ら開きて「天上天下唯我独尊、三界皆苦我当度《かいくがとうど》之《し》」の十六字を唱へ給ふ。

二十三　石中の火、木中の花

簡単で、明瞭で、はっきりしていることなのに難しいものがある。私たちの心だ。自分自身を信じる。これが仏教の教えであるが、心は時として自分自身を信じることができない。そこのところを法華経には「難信難解《なんしんなんげ》」、すなわち信じ難く、理解し難いと説いている。なぜそうなのか。信じたくない心が働いているからである。

同じく信を置けないものでも、信じたくないのと、信じられないのとは違う。合理性があるかどうかだ。

仏はどこか見えないけれども、確かに存在する。この考え方は法華経ではとらない。仏は自己の中に存在するからであり、信じられない部類である。

仏は自己の中に存在するものであるという考え方は、信じ難いものである。人間自分の心ほどあやふやなものはないと実感するからである。どこかに仏がいて、私たちを救ってくれる。そういう願いから、自分の中に仏があるということを信じ難いのだ。

人はあるときは喜び、あるときは瞋り、あるときは平らかに、あるときは貪り現じ、あるときは愚癡現じ、あるときは我執が現れる。瞋るは地獄、貪るは餓鬼、癡は畜生、我執なるは修羅、喜ぶは天、平らかなる心は人である。聖なるもの、清らかなもの、菩薩の心、仏の心は表面には現われないが、深く尋ねれば、確かにある。

私たちの中に仏があるというのは、あたかも石中の火、木中の花のようなものだ。

石中の火、木中の花は縁に触れて出現するものである。これは信じられることである。（「如来滅後五五百歳始観心本尊抄」）

【原文】「如来滅後五五百歳始観心本尊抄」　文永十年四月　五十二歳

数《しばしば》他面を見るに、……或時は喜び、或時は瞋《いか》り、或時は平《たい》らかに、或時は貪《むさぼ》り現じ、あるときは癡《おろか》現じ、或時は諂曲《てんごく》なり。瞋《いか》るは地獄、貪《むさぼ》るは餓鬼、癡《おろ》かは畜生、諂曲《てんごく》なるは修羅、喜ぶは天、平らかなるは人なり。……四聖（筆者注＝声聞・縁覚・菩薩・仏）は冥伏《みょうぶく》して現はれざれども、委細《いさい》に之を尋《たず》ぬれば、之有るべし。……

十界互具之を立てるは石中《せきちゅう》の火、木中《もくちゅう》の花、信じ難《がた》けれども縁に値ひて出生すれば之を信ず。人界所具の仏界は水中の火、火中の水、最も甚《はなは》だ信じ難し。

注①　十界互具（本書二〇三、二一一頁）参照。

二十四　心汚るれば、土も汚れ、心清ければ、土も清し

私たちは他人のことに関してはよくわかる。良いところも悪いところもわりと正確に判断できる。

問題は自分のことである。

これが最も難解である。自分のことはよくわかるはずであるが、そう簡単ではない。

なぜか。

心の目が曇っているからである。

自分自身の良いところ、悪いところを素直に受け入れられない。

特に悪いところは難しい。

ややもすると、私たちは自分ではなく相手を変えたがる。

しかし、できるはずがない。できないと更に相手の悪いところを探すようになる。

逆である。

相手を変えようと思えば、まず自分である。自分が変われば、相手も変わる。

経典には、人々の心が汚れれば、国土もけがれ、心が清ければ、国土も清しとある。浄土といい、穢土《えど》というも、実のところ土に二つの隔てがあるわけではない。ただ、私たちの心の善悪によるのである。

衆生というも、仏というも、また同じである。迷う時は衆生と名づけ、悟る時は仏と名づけるのである。たとえば、曇った鏡も磨けば、明鏡になる。私たちはあたかも磨かざる鏡である。磨いてない鏡、曇った鏡も磨けば、かならず明鏡となるように、仏といい、凡夫というも、心の善悪の違いなのだ。（「一生成仏抄」）

【原文】「一生成仏抄」　建長七年　三十四歳

衆生の心けがるれば土もけがれ、心清ければ土も清しとて、浄土と云ひ、穢土《えど》と云ふも土に二つの隔てなし。只、我等が心の善悪によると見えたり。

衆生と云ふも仏と云ふも、亦此くの如し。迷ふ時は衆生と名づけ、悟る時をば仏と名づけたり。譬へば、闇鏡《あんきょう》も磨きぬれば玉と見ゆるが如し。只今の一念無明の迷心は磨かざる鏡なり。是を磨かば必ず法性真如《ほっしょうしんにょ》の明鏡と成るべし。

二十五　真の仏

多くの教えは、衆生が仏になろうとするとき、必ず悪を滅し、煩悩を断じ切って、仏になると説く。

仏に煩悩があってはならないからである。したがって、衆生が仏になる場合、自らの悪の性質を、完全に断じ切ってしか仏になることはない。

しかし、これでは本当の意味で衆生が仏になることはないのである。

なぜならば、現実の世界では、煩悩を完全に断じ切るということなど不可能だからである。

したがって、多くの経典では実際に衆生が仏になったということは説かないし、実際そういう人はいないと説く。

つまり、仏の世界と私たち衆生の世界とが隔絶しているのである。

ということは裏返せば、多くの経典で説かれる仏というものも、実は現実離れした架空の仏ということになる。

法華経は、現実に即した仏を説く。

つまり、法華経に説く仏は、煩悩を断じ切った人間ではないということである。煩悩を持ちながらも、煩悩に流されることなく、煩悩をコントロールした存在と考えている。このような仏ならば、衆生も仏になることができる。

法華経に説くところの仏とは、衆生の手の届くところに存在する仏である。（「一代聖教大意」）

【原文】「一代聖教大意」　正嘉二年　三十七歳

法華経已前の諸経は十界互具を明さざれば、仏に成らんと願ふには必ず九界を厭《いと》ふ。九界を仏界に具せざる故なり。されば必ず悪を滅し煩悩を断じて仏には成ると談ず。凡夫の身を仏に具すと云わざるが故に。

されば、……法華経已前には但権者の仏のみ有りて、実の凡夫が仏に成りたりける事は無きなり。煩悩を断じて九界を厭ひて仏に成らんと願ふは、実には九界を離れたる仏は無き故に。往生したる実の凡夫も無し……。

法華経に来たりて方便にてありけり、実には見思無明も断ぜざりけり、往生もせざりけりなんど覚知するなり。

二十六　真実の教えはわかりやすく、方便の教えは難解である

難解な教えを説き、理解することが限られるような教えは、一見高度で、高尚《こうしょう》な教えのようであるが、実は真実の教えではない。わざと難しくして、だれもが簡単に理解できないようにしているのである。

簡単で、明瞭で、だれもが理解できる教えであればあるほど、その教えは真実である。

中国天台法華宗の祖である天台大師智顗《ちぎ》（五三八〜五九七）の言葉である。

教えが真実であればあるほど、その教えは普遍性があり、時や所を越えて、多くの人々の理解を得る可能性を持っている。

教えが方便であればあるほど、
内容が難解になり、権威的になり、
小数の選ばれた人にしか理解できないようになる。
そうすることで、その教えに権威を付けているのである。

同じく第六祖妙楽大師湛然《たんねん》（七一一～七八二）の言葉である。

教えは、簡単で、明瞭で、だれもが理解でき、いつでもどこでも実践できるもの、それが真実の教えである。（「四信五品抄」）

【原文】「四信五品抄」　建治三年四月　五十六歳

爾前の円教より法華経は機を摂し、迹門より本門は機を尽くすなり。「教弥実位弥下」の六字に心を留めて案ずべし。

止観第六に云はく、「前教に其の位を高うする所以《ゆえん》は方便の説なればなり。円教の位下《ひく》きは真実の説なればなり」と。弘決に云はく、「……教弥《いよいよ》実なれば位弥《いよいよ》下《ひく》く、教弥《いよいよ》権なれば、位弥《いよいよ》高き故に」と。

二十七　仏への道は生き方の中にある

仏道修行は特別なものか。

そう思っている人は多い。

滝に打たれ荒行をする。お堂にこもって行に明け暮れる。

比叡山の行者のように回峰行《かいほうぎょう》に専心する。

あるいは百万遍の念仏や題目の行を行う。

どれも修行には違いない。


しかし、本当の修行はこういう特別な行ではない。

私たちの日常の中にこそ修行の場がある。

まことの道は世間の出来事や日常の振る舞い、生き方の中にある。

経典には、

「深く世法を知ること、即ちこれ仏法なり」

と説かれている。

世間の法と仏法は異なるものではない。
世間法とは別に仏法があるのではない。
ただし、世間法はすべてが仏への道ではない。

世間法の中には真なるものと、偽なるものがある。
世間法の中の真なるもの、それを仏法というのである。（「白米一俵御書」）

【原文】「白米一俵御書」　弘安三年　五十九歳
　まことの道は世間の事法にて候。金光明経には「若し深く世法を識《し》れば即ち是《これ》仏法なり」と説かれ、……妙楽大師法華経の第六の巻の「一切世間の治生産業は皆実相と相違背《あいいはい》せず」の経文に引き合はせて、……彼の経々はいまだ心浅くして法華経に及ばざれば、世間の法を仏法に依せてしらせて候。
　法華経はしからず。やがて世間の法が仏法の全体と釈せられて候。

二十八　麻の中のよもぎ、筒の中の蛇、良き人に近づく人は何となけれども、心も振舞いも直《なお》しくなる

仏の教えには、仏が心の趣くままにその真意を説いた教えもあれば、そうでない教えもある。

酒を好まない親に、極めて酒好きの愛《いと》しい子がいた。親は子の気を引くために子に酒を勧め、かつ自らも酒が好きなふりをする。その時、賢くない子は、自らと同じく親も酒が好きなのだと誤解してしまう。

仏の方便の教えの源もここにある。仏が衆生に対して、百歩譲って説いた教えを方便という。したがって、当然ではあるが、仏の真意ではない。阿弥陀如来も大日如来も、観世音菩薩もこの類《たぐい》である。

仏の真意を説いた教えに近づくことが大切だ。
私たちが仏の真意を理解した時、私たちは大いなる功徳に出会える。
麻の中のよもぎ、筒の中の蛇は、自らの性質とは関係なく、自然とまっすぐになる。
同じように、私たちも優れた師の正しい教えに導かれて、心も振舞いも直《なお》しくなるのである。（「衆生身心御書」）

【原文】「生身心御書」　弘安元年春　五十七歳

酒もこのまぬ親の、きわめて酒をこのむいとをしき子あり。且つはいとをしみ、かつは心をとらんがために、かれに酒を勧めんがために、父母も酒をこのむよしをするなり。しかるをはかなき子は父母も酒をこのみ給ふとをもへり。……

仏の御心はよき心なるゆへに、たといしらざる人も此の経をよみたてまつれば利益計《はか》りなし。

麻の中のよもぎ・筒の中の蛇《くちなは》・良き人に睦ぶもの、なにとなけれども心も振る舞いも言も直《なお》しくなるなり。法華経もかくのごとし。なにとなけれどもこの経を信じぬる人をば仏の良きものと思《をぼ》すなり。

二十九　善知識大切なり

木を植えるとき、大風が吹いても、強い支えをすれば倒れない。元々から生えている木であっても、根の弱い木は倒れてしまう。甲斐《かい》ない者であっても助ける者が強ければ倒れない。少し健気《けなげ》なる者もひとりなれば悪しき道には倒れることがある。

仏になる道も同様だ。己の智慧はあてにならないものだ。善知識が重要である。ただ熱い冷たいばかりの智慧さえあれば、善知識が大切だ。しかし、この善知識にめぐり合うことが最も難しい。仏は善知識に値《あ》うことを、天より糸を下《たら》して大地の針の目に入るに譬えている。それほど善知識にめぐり合うことは難しいのである。特に末代悪世《あくせ》には、悪知識は大地微塵より多く、善知識は爪《つね》の上の土よりも少ない。

天を地と言い、東を西と言い、火を水と教え、星は月に勝れている。蟻塚は須弥山に超えるなどと説く悪知識を信じて付いていく人々は、習わない悪人よりはるかに劣るし、悪い。

仏法は道理と文証が特に重要である。道理に合わないこと、裏づけのないものは信じてはだめだ。しかし、それ以上に重要なのは現証だ。道理証文も現証には劣るものである。（「三三蔵祈雨事」）

【原文】「三三蔵祈雨事」　建治元年六月　五十四歳

それ木を植へ候には、大風吹き候へども、強き扶《すけ》を介《かい》すれば倒れず。本より生《お》いて候木なれども、根の弱きは倒れぬ。甲斐《かい》なき者なれども、たすくる者強ければたうれず。すここし健《けなげ》の者も独《ひと》りなれば悪《あ》しき道には倒れぬ。……

されば仏になるみちは善知識には過《す》ぎず。わが智慧なににかせん。ただ熱き冷たきばかりの智慧だにも候ならば、善知識大切なり。而《しか》るに善知識にあふ事が第一の難き事なり。されば仏は善知識に値ふ事をば一眼の亀の浮木《ふもく》に入り、梵天《ぼんてん》より糸を下げて大地の針の目に入るにたとへ給へり。而《しか》るに末代悪世には、悪知識は大地微塵《みじん》よりも多く、善知識は爪上《そうじょう》の土《ど》よりもすくなし。……

末代悪世の学者等をば此をもって推《すひ》しぬべし。天を地といゐ、東を西といゐ、火を水とをしえ、星は月にすぐれたり。蟻塚《ありづか》は須弥山《しゅみせん》に越えたりなんど申す人々を信じて候はん人々は、習わざらん悪人にははるかに劣りて悪《あ》しかりぬべし。

日蓮仏法をここみるに道理と証文とにはすぎず。又道理証文よりも現証にはすぎず。

三十　同一の悟り

人が十人集まれば、十人の顔がある。
百人いれば百人の顔がある。
しかし、いかに人にそれぞれ千差万別の違いがあるとしても、
安らぎは共通である。
真に安らぎを感じる時、その時が悟りへの第一歩である。
愚直《ぐちょく》にその道を歩み、到達したところ、
そこに究極の安らぎがあり、それが悟りの境地である。

そして、釈迦の悟りも日蓮の悟りも、人々の悟りも同一である。
それはちょうど、多くの河川から海に水が入っても、
なお同一の塩味になるようなものである。
仏の悟りは過去の仏も、現在の仏も、未来の仏も同じだ。

なぜならば、人間の本質は、過去も現在も未来も変わらないからである。

同じことで悩み、
同じことで苦しみ、
同じことで喜び、
同じことで悲しむ。
そして同じ悟りである。（「同一鹹味御書」）

【原文】「同一鹹味《どういっかんみ》御書」　弘長元年　四十歳
夫《それ》味に六種あり。一には淡《あわき》、二には鹹《しおからき》、三には辛《からき》、四には酸《すき》、五には甘《あまき》、六には苦《にがき》なり。百味の肴膳《きょうぜん》を調《ととの》ふといへども、一つの鹹《しお》なければ大王の膳とならず。……
同一鹹味《どういっかんみ》とは、諸河に鹹《しお》なきは諸経に得道なきに譬ふ。諸河の水大海に入って鹹となるは、諸経の機類《きるい》法華経に入って仏道を成ずるに譬ふ。

三十一　不思議な法

南無妙法蓮華経は、
分解すると、南無・妙法・蓮華・経の四つの単語から成り立っている。
南無とは帰依する、すなわち信じるという意味、
妙法とは妙《たえ》なる法、
蓮華は妙法のたとえ、
経はその教えという意味である。

妙なる法とは不思議な法という意味で、妙とは人の作ったものではなく、人の思議《しぎ》の及ばないということであり、天然無作《てんねんむさ》の不思議な法を指している。

したがって、南無妙法蓮華経とは、私は蓮華に譬えられる不思議な法の教えに帰依しますということになる。

法とは何か。因果の法則である。蓮華はこの因果の法則を譬えたものである。どう譬えた

のか。普通の植物は春に花が咲き、夏以降に実がなる。桜しかり、桃しかり。しかし、蓮華は花が咲くと同時にすでに実もなっている。

因と果は、先に原因があって、それが尾を引いて後で結果がついてくると私たちは考える。しかし、仏の目にはそうは映らない。因と同時に果も存在している。それが仏の目である。先に因があって、その後に果があるのではない。因と果は同時なのである。（「一代聖教大意」）

【原文】「一代聖教大意《いちだいしょうきょうたいい》」正嘉二年二月　三十七歳

妙法蓮華経。妙とは天台の玄義に云はく「言ふ所の妙とは妙は不可思議に名づくるなり」と。又云はく「秘密の奥蔵を発《ひら》く、之を称して妙と為す」と。又云はく「妙とは最勝修多《しゅた》羅《ら》甘露の門なり、故に妙と言ふなり」と。

法とは玄義に云はく「言ふ所の法とは十界十如権実の法なり」と。又云く「権実の正軌《しょうき》を示す、故に号して法と為す」と。

蓮華とは玄義に云はく「蓮華とは権実の法に譬ふるなり」と。又云はく「久遠の本果を指す、之を喩ふるに蓮を以てし、不二《ふに》の円道に会《え》す、これを譬ふるに華を以てす」文。

経とは玄義に云はく「声《こえ》仏事を為す、これを称して経と為す」

三十二　月々日々に強くあれ、少しも弛《たゆ》む心あらば、魔たよりを得べし

建長五年（一二五三）四月二十八日、安房国東条、清澄寺にて、この法門を説き始めて以来二十七年、今年は弘安二年（一二七九）である。

この間、弘長元年（一二六一）五月十二日には伊豆国へ流罪、文永元年（一二六四）十一月十一日には、安房国小松原にて頭に傷を蒙むり、左の手を打ち折られた。文永八年（一二七一）九月十二日、鎌倉龍の口の刑場において、頸の座に臨み、斬首されるところを不思議と斬首されずに、その後佐渡国へ配流の身となった。その外に弟子を殺され、切られ、所より追い出され、過料等の弾圧は数えきれないほどである。

弟子たちよ、今回の鎌倉幕府による無実の法華衆二十名の捕縛という法難に際し、各々は師子王の心を取り出して、いかに脅されようと、怖じることなかれ。負けるなかれ。彼等の脅しは、あたかも負け犬の遠吠えのようなものだ。日蓮が一門の唱える題目は、まさしく師子の雄たけびである。

月々日々に強くあれ。少しでも弛む心あれば、魔のつけいるところである。（「聖人御難事」）

【原文】「聖人御難事」　弘安二年十月　五十八歳

去ぬる建長五年太歳癸丑四月二十八日に、安房国長狭郡《ながさのこおり》の内、東条の郷、今は郡なり。天照大神の御厨《みくりや》、右大将家の立て始め給ひし日本第二の御厨、今は日本第一なり。此の郡の内清澄寺と申す寺の諸仏坊の持仏堂の南面にして、午《うま》の時に此の法門申しはじめて今に二十七年、弘安二年太歳己卯なり。仏は四十余年、天台大師は三十余年、伝教大師は二十余年に、出世の本懐を遂げ給ふ。其の中の大難申す計《ばか》りなし。先々に申すがごとし。余は二十七年なり。其の間の大難は各々かつしろしめせり。……

而るに日蓮二十七年が間、弘長元年辛酉五月十二日には伊豆国へ流罪、文永元年甲子十一月十一日頭に傷を蒙むり左の手を打ち折らる。同じき文永八年辛未九月十二日佐渡国へ配流《はいる》、又頸《くび》の座に望む。其の外に弟子を殺され、切られ、追ひ出され、過料等かずをしらず。

各々師子王の心を取り出だして、いかに人嚇《おど》すとも、怖づる事なかれ。師子王は百獣に怖《お》じず。師子の子又かくのごとし。彼等は野干《やかん》の吠うるなり。日蓮が一門は師子が吼うるなり。……月々日々に強《つよ》り給へ。すこしも弛《たゆ》む心あらば、魔たよりをうべし。

三十三【付録】厳しい歴史の因果、熱原法難

熱原法難《あつはらほうなん》は、富士熱原地方の法華衆徒が幕府によって斬首《ざんしゅ》された事件。熱原は現在の静岡県富士市厚原。

富士地方は、日蓮の弟子日興の布教によって、弟子になる僧侶や信徒となる農民たちが続出、熱心な浄土教信仰者でもあった熱原滝泉寺院主代・行智と対立、行智は法華衆徒に対して改宗を要求、改宗と交換に所職・住坊の安堵を保障するが、法華宗徒は要求を拒否。

この対立は、農民たちにも影響し、弘安二年（一二七九）八月、行智は法華信徒を襲わせて殺害。続いて法華衆徒の田畑の作物を刈り取り、止めに入った信徒神四郎以下と乱闘を起こす。その上で、事件の首謀者は法華衆徒であるという虚偽の苅田狼藉事件を捏《ねっ》造《ぞう》して、訴訟を起こす。

その結果、二十名の法華衆徒農民が捕縛され、鎌倉に送られる。日蓮はこの事件を知るや、日興に書状を度々送って、この裁判は被害者が法華衆徒や農民たちの方であり、

行智こそ加害者である旨の反論を提出させる。

この裁判の審理に当たったのが、日蓮を鎌倉龍の口で首を刎《は》ねようとし、その後佐渡流罪とした、幕府の軍事・警察部門の責任者であった平左衛門尉頼綱である。十月十五日、頼綱は自邸の庭に二十名を引き出し、事件の真相究明は行なわず、農民たちに念仏を強要する。

農民たちはこれを拒否。いかなる脅しにも屈しない農民たちに対して、神四郎・弥五郎・弥六郎の三名を首謀者として斬首、残りを禁獄に処する。

この法難から十四年後の永仁元年（一二九三）四月、頼綱は後ろ楯であった執権北条貞時により処罰。頼綱は自害、長男は佐渡流罪、次男は殺害、これにより一族は滅亡する。厳しい歴史の因果である。

熱原法難は、富士日興門徒にとって忘れられない法難であるばかりでなく、名も無き農民たちが法難の主役であったということから、日蓮自身が「本懐」とされた特筆すべき法難である。

三十四　法門には法門で

建長五年（一二五三）四月の立宗以来十二年の間、日蓮は法然に代表される浄土念仏に対して、「念仏無間」と厳しく批判し続けてきた。

この「念仏無間」の批判は、法然の法華経に対する「捨閉閣抛《しゃへいかくほう》」の批判に対する反論である。法然の「捨閉閣抛《しゃへいかくほう》」とは、法華経に代表される自力の教えを捨てる、経典を閉じる、教えを閣《さしお》く、経典を抛《なげう》つという批判である。

これに対する日蓮の反論が「念仏無間」すなわち、念仏の教えでは決して救われることがないというものである。

けれども、これほど厳しく批判をしても、未だかつて正面からの反論がない。法門の批判には法門で返すべきが筋だが、念仏者から法門として反論がないのである。

世の念仏者が、念仏が正しい教えであると確信しているのであれば、日蓮の批判に対して、法門的な反論があってしかるべきである。よくよく自分たちの教えに対して自信が足りないと思われる。

日本浄土宗の祖である法然は、長い間比叡山延暦寺において法華経の修行を重ねた当代随一と称されたほどの学僧であった。その法然が法華経を捨て、念仏に走るに至ったのは、中国浄土教、善導の「一心専念弥陀名号」の教えに触発されてのことである。

この「一心専念弥陀名号」の思想は、ただ西方浄土の阿弥陀仏の本願を信じて南無阿弥陀仏の名号を一心に唱えることを説く教えで、日蓮等は十七、八の時ですらすぐに理解できるようなものだった。

現在の念仏者たちの主張も、善導や法然に代表される念仏と内容が何ら変わるところがない。とても日蓮の批判に耐えることができるよう法門ではない。

結局、法門で反論できないと知った彼らの取った手段が、暴力での反撃である。念仏者は数十万、味方は多い。

日蓮はただ一人、味方も少ない。

今まで生きてこられたことが不思議である。

法門には法門で返すべきである。少なくとも日蓮は、法門には法門で返した。（「南条兵衛七郎殿御書」）

【原文】「南条兵衛七郎殿御書」　文永元年十二月　四十三歳

念仏実に往生すべき証文強くば、この十二年が間、念仏者無間地獄と申すをば、いかなる所へ申しいだしても詰《つ》めずして候べきか。よくよく弱《ゆわ》き事なり。法然・善導等が書き置きて候ほどの法門は日蓮らは十七八の時より知りて候ひき。

このごろの人の申すことこれにすぎず。結句《けっく》は法門はかなわずして、寄せて戦いにし候なり。念仏者は数千万、方人《かたうど》多く候なり。日蓮は唯一人、かたうど一人これなし。いままでも生きて候は不可思議なり。

三十五　小松原の法難

文永元年（一二六四）は日蓮にとって忘れられない年である。

この年日蓮は、母妙蓮の病気見舞いと布教のため、十月故郷安房国に帰った。

ひとまず途中の西条華房の蓮華寺に入り、十一月十一日天津の豪族である工藤吉隆の招きに応じて、東条の小松原と申す大路にさしかかったところで、午後五時頃、この地の地頭東条景信を始めとして数百人の念仏者等に待ち伏せ襲撃を受けた。

日蓮一行は十人ばかり、一行の中で応戦できるものは僅かに三、四人だった。

まさに射る矢は降る雨のごとく、討つ太刀は稲妻のごとく、弟子一人は即座に討ち取られ、二人は重傷を負った。

日蓮自身も頭を切られ、手を打たれ骨折したものの、危機一髪のところで討ち漏らされて、今日まで生きている。

この法難で命を落とさなかったということは、まだ使命があるということだろう。ますます法華経に対する信心が深くなった。

一方、襲撃した張本人である東条景信は、この襲撃の最中落馬し、その怪我がもとで、程なく急逝する。

不思議なことだ。(「南条兵衛七郎殿御書」)

【原文】「南条兵衛七郎殿御書」　文永元年十二月　四十三歳

今年も十一月十一日、安房国《あわのくに》東条の松原と申す大路《おおじ》にして、申酉《さるとり》の時、数百人の念仏者等に待ちかけられ候ひて、日蓮はただ一人、十人ばかり、ものの要に合うもの僅かに三四人なり。

射る矢は降る雨のごとし、討つ太刀は雷《いなずま》のごとし。弟子一人は当座にうちとられ、二人は大事の手にて候。自身も斬られ、打たれ、結句にて候ひしほどに、いかが候ひけん。討ち漏らされて今まで生きてはべり。いよいよ法華経こそ信心まさりて候へ。

三十六　師道善房への思い

小松原法難の三日後の十一月十四日、師道善房が華房蓮華寺に日蓮を訪ねてきた。日蓮が十二歳で清澄寺において出家した、その時の師が道善房である。その後約二十年の修行を経て、清澄寺にもどり南無妙法蓮華経の教えを弘めようとしたが、道善房は聞く耳がなく、日蓮はやむなく、清澄寺を退出したのだった。

道善房とは実に十二年ぶりである。頭に疵《きず》を受け、療養中の日蓮を訪ねて来たのだから、当然見舞いの訪問とそう思った。けれどもそうではなかったのだ。

西条華房の僧房での道善房との面談は、見舞いというより、老齢の域に達した道善房自身の死後の成仏往生に関しての質問だった。

道善房は、

「私は日蓮のように比叡山で修行したわけでもなく、田舎の清澄寺で長く僧侶を勤めてきて、法門的に特別深い見識があるわけでもない。全く一介の僧侶である。念仏は世間一般隅々まで弘まっていることであり、また多くの人が唱えているので、私も南無阿弥陀仏と唱えているのであって、念仏を往生への道と自分自身で結論を出した上で、確信を持って唱えているわけではない。また、私自身が欲して建立したわけではないけれども、阿弥陀仏を五体まで作って奉納した。この科《とが》によって、私は地獄に堕ちるだろうか」

と。

その時、日蓮はこう思った。

道善房とは、特別仲違《なかたが》いしたわけでもない。けれども、地域の権力者である東条景信の日蓮に対する異常なほどの日蓮嫌いがもとで、十二年音信不通だった。見た目では不和に見えるに違いない。ことを穏便にということであれば、穏やかに言うこともできる。それが、師に対する礼儀と言えるかもしれない。

けれども、それでは本当の意味で師の恩に報いることにはならない。そしてこれが今生で最後の出会いのように思う。であるならば、思い切って強めに言おう。師は阿弥陀仏を五体作られたということなので、「五度無間地獄に堕ち給うべし。」そう言った。

この時の面談では、師道善房にも、同行の人たちにも日蓮の言葉は響かなかったようだった。けれども、その後聞くところによると、道善房も法華経の信仰に入ったと伝え聞いた。道善房に心ならずもきつく返答したのが結果的に良かったようだ。道善房の恩に少し報いることができたかもしれない。喜ばしい限りである。(「善無畏三蔵抄」)

【原文】「善無畏三蔵抄《ぜんむいさんぞうしょう》」　文永七年　四十九歳

文永元年十一月十四日西条華房《さいじょうはなぶさ》の僧房にして見参《けんざん》に入りし時、彼の人の云はく、我《われ》智慧なければ請用《しょうゆう》の望みもなし、…世間に弘まる事なれば唯《ただ》南無阿弥陀仏と申す計りなり。又、我が心より起こらざれども事の縁有りて阿弥陀仏を五体まで作り奉る。是又過去の宿習なるべし。此の科《とが》に依って地獄に堕つべきや等云々。

爾の時に日蓮意に念《おも》はく、別して中違《なかたが》ひまいらする事無けれども、東条左衛門入道蓮智《れんち》が事に依ってこの十余年の間は見奉らず。但し中《なか》不和なるが如し。穏便《おんびん》の義を存じおだやかに申す事こそ礼儀なれと思ひしかども、……又二度見参の事難かるべし。……思い切って強々《つよづよ》に申したりき。阿弥陀仏を五体作り給へるは五度無間地獄に堕ち給ふべし。其の故は正直捨方便の法華経に、釈迦如来は我等が親父阿弥陀仏は伯父と説かせ給う。我が伯父をば五体まで作り供養させ給ひて、親父をば一体も造り給はざりけるは、豈《あに》不孝の人に非ずや…と、こまごまと申して候ひしかば、此の人もこころえずげに思ひておはしき。

傍座《ぼうざ》の人々もこころえずげに思はれしかども、其の後承りしに、法華経を持たるるの由承りしかば、此の人邪見を翻《ひるがえ》し給ふか、善人に成り給ひぬと悦び思ひ候……。

三十七　発想の転換

雨が降ると困る人がいる。
雨が降らないと困る人もいる。
同じ物が、ある人にとっては何の価値のないものでも、
違う人にとっては宝物である場合がある。

人は立場や環境で、たとえ同じものでも価値に相違が生ずる。
壁にぶち当たったら、見方を変えることだ。
ものごとを逆に見るのである。

私達の周囲には、そのままでは意味をなさないもの、
あるいはそのままでは私達にとってマイナスでしかないものというのは、多々ある。
これを見方や考え方を変えて、

逆に意味を持つものに変えることができたら、すばらしいことである。
「逆即ちこれ順」である。

善と思っても悪である場合がある。
悪と思っても善である場合がある。
生滅も同じだ。死と思ったら、実は生の前兆だった。生と思ったら死の始まりだ。
苦と楽も同じである。苦しいことは実は楽の前兆であり、楽は苦の前兆である。
見方を変えれば、苦は単に苦ではない。（「法華取要抄」）

【原文】「法華取要抄」　文永十一年五月　五十三歳
問うて曰く、法華経は誰人の為に之を説くや。答えて曰く、方便品より人記品に至るまでの八品に二意あり。上より下に向かって次第に之を読めば第一は菩薩、第二は二乗、第三は凡夫なり。安楽行より勧持・提婆・宝塔・法師と逆次《ぎゃくじ》に之を読めば、滅後の衆生を以て本と為す。在世の衆生は傍《ぼう》となり。

＊注①「法華経の構成」（本書二六二頁）参照。

三十八　仏と法

仏はとても大切な存在であるが、法に比較したとき、
螢火と日月との勝劣、
天と地との高下がある

いかなる仏も菩薩も、
最初から仏であり、菩薩であるということはない。
最初は凡夫から始まり、
真理すなわち法を悟って仏となった。
したがって、法と仏はどちらもともに尊いものであるが、
あくまで根本は仏ではなく、法である。

釈迦は、その悟った法を私たちに説いてくれたがゆえに尊いのである。

法尊きがゆえに人尊し、
人尊きがゆえに処尊しなのである。

私たちは釈迦の解き明かした法を、
釈迦と同等のところまで理解する必要はない。
私たちなりに理解して、できることを行動すればよい。
志が大切なのだ。（「上野殿御返事」）

【原文】「上野殿御返事」　建治四年二月　五七歳
仏はいみじしといゑども、法華経に対しまいらせ候へば、螢火と日月との勝劣、天と地との高下なり。仏を供養してかかる功徳あり。いわんや法華経をや。……
抑《そもそも》　今の時、法華経を信ずる人あり。或は火のごとく信ずる人もあり。或は水のごとく信ずる人もあり。聴聞するときは燃へ立つばかり思へども、遠ざかりぬれば捨つる心あり。水のごとくと申すは、いつも退せず信ずるなり。

三十九、良医の譬え

良医である父の留守中、子供たちが誤って毒薬を飲んでしまう。

悶乱し苦しむ中、父が家に帰る。

子供たちは父を見て、

「我等愚痴にして、誤って毒薬を服せり。願わくは治療し、更に寿命を賜え」

と願う。

早速、父は子どもたちに飲みやすく、しかもよく効く解毒の薬草を調合して、
「この良薬は、色も香りも味も、
そして効果もすべて備わっている。
飲みなさい。
さすれば速やかに苦悩から解放され、憂えも消えるだろう」
と、子どもたちにその薬を飲ませようとしたのである。

心を失っていない子は、この良薬の効果を理解し、これを飲む。

するとこ病はことごとく癒えた。


ところが、子供たちの中には心を失い、薬を飲もうとしない子供がいたのである。

この心を失った子は、父を見て、歓喜し、病を治すことを求めるものの、
しかも薬を与えても、あえて飲もうとしない。

なぜかならば、毒気が深く入って、本心を失っているが故に、
この良薬を見ても、眼がいかないのである。

なぜか。

薬ではなく父が救ってくださると思っているのだ。

「何と哀れな子よ。毒にやぶられて心が顛到してしまっている。

私を見て喜んで治療を求めるものの、
このように良い薬を、しかもあえて服そうとしない。

ならば方便を設けて、この薬を服せしむべし」

と、父は一計を案じ、

「子よ、聞きなさい。私ももはや年老いた。遅からず死の時が来るだろう。この良薬を、

今ここに置くので、服すべし。治らないと憂うることなかれ」

と言い残して姿を消し、その後使いにより、「父死す」と伝えるのである。

この時に至って、子はようやく、単に助けを求めるだけではだめだと気付く。

そして、自分でも何とか解決の道を探そうとし、こう思うのである。

「もし、父がここにいれば、我を哀れみ慈しみ、よく治療して下さるだろう。

けれども我を捨てて遠い他国で亡くなってしまわれた。

もはやだれも助けてくれない。天涯孤独である」

悲しみ嘆き、嘆きぬいて、心がついに醒める。ようやく目の前に父の残した薬があること
に気付き、その薬が病の治療に絶大な効果があることを理解するのである。そして薬を服し、
毒の病が治癒《ちゆ》する。

こうして父は、子どもたちがすべて癒えたことを確認し、子どもたちの前に姿を見せる。

仏と私たちの関係もこれと同じだ。

私たちは仏に救われることを期待し、救済を願う。

しかし、本当のところは、仏が私たちを救うのではない。仏の説く法が私たちを救うので
ある。そのことをこの譬えは教えている。

日蓮が朝夕の勤行にて、法華経寿量品を読誦する所以《ゆえん》は、ここにある。（「法華経寿量品」）

【原文】「妙法蓮華経如来寿量品第十六」

「良医の譬え」良医・父＝仏　子＝衆生　薬＝法

譬《たと》えば、良医《ろうい》の智慧聡達《ちえそうだつ》にして、明《あき》らかに方薬《ほうやく》に練《れん》し、善《よ》く衆病《しゅびょう》を治《じ》するが如《ごと》し。其《そ》の人《ひと》、諸《もろもろ》の子息《しそく》多《おお》し。……事《こと》の縁《えん》有《あ》るを以《もっ》て、遠《とお》く余国《よこく》に至《いた》りぬ。諸《もろもろ》の子《こ》後《のち》に、他《た》の毒薬《どくやく》を飲《の》む。薬《くすり》発《ほっ》し悶乱《もんらん》して、地《じ》に宛転《えんでん》す。是《こ》の時《とき》に其《そ》の父《ちち》、還《かえ》り来《きた》って家《いえ》に帰《かえ》りぬ。諸《もろもろ》の子《こ》毒《どく》を飲《の》んで、或《あるい》は本心《ほんしん》を失《うしな》える、或《あるい》は失《うしな》わざる者《もの》あり。遥《はる》かに其《そ》の父《ちち》を見《み》て、皆大《みなおお》いに歓喜《かんぎ》し、拝跪《はいき》して問訊《もんじん》すらく、

「善《よ》く安穏《あんのん》に帰《かえ》りたまえり。我等愚癡《われらぐち》にして、誤《あやま》って毒薬《どくやく》を服《ふく》せり。願《ねが》わくは救療《くりょう》せられて、更《さら》に寿命《じゅみょう》を賜《たま》え」。

父《ちち》、子等《こら》の苦悩《くのう》すること是《かく》の如《ごと》くなるを見《み》て、諸《もろもろ》の経方《きょうぼう》に依《よ》って、好《よ》き薬草《やくそう》の色香美味《しきこうみみ》、皆悉《みなことごと》く具足《ぐそく》せるを求《もと》めて、擣篩和合《とうしわごう》して、子《こ》に与《あた》えて服《ふく》せしむ。而《しか》して是《こ》の言《ことば》を作《な》さく、

「この大良薬《だいろうやく》は、色香美味《しきこうみみ》、皆悉《みなことごと》く具足《ぐそく》せり。汝等服《なんだちふく》すべし。速《すみや》かに苦悩《くのう》を除《のぞ》いて、復《また》衆《もろもろ》の患無《うれえな》けん」。

其《そ》の諸《もろもろ》の子《こ》の中《なか》に、心《こころ》を失《うしな》わざる者《もの》は、此《こ》の良薬《ろうやく》の色香《しきこう》、倶《とも》に好《よ》きを見《み》て、即便之《すなわちこれ》を服《ふく》するに、病尽《やまいことごと》く除《のぞ》こり癒《い》えぬ。

余《よ》の心《こころ》を失《うしな》える者《もの》は、其《そ》の父来《ちちきた》れるを見《み》て、亦歓喜《またかんぎ》し、問訊《もんじん》して病《やまい》を治《じ》せんことを求索《もと》むと雖《いえど》も、然《しか》も其《そ》の薬《くすり》を与《あた》うるに、而《しか》も肯《あ》えて服《ふく》せず。所以《ゆえ》は何《いか》ん。毒気深《どっけふか》く入《い》って、本心《ほんしん》を失《うしな》えるが故《ゆえ》に、此《こ》の好《よ》き色香《しきこう》ある薬《くすり》に於《おい》て、美《うま》からずと謂《おも》えり。父是《ちちこ》の念《ねん》を作《な》さく、

「此《こ》の子愍《こあわ》れむべし。毒《どく》に中《やぶ》られて心皆顛到《こころみなてんどう》せり。我《われ》を見《み》て喜《よろこ》んで救療《くりょう》を求索《もと》むと雖《いえど》も、是《かく》の如《ごと》き好《よ》き薬《くすり》を、而《しか》も肯《あ》えて服《ふく》せず。我今当《われいままさ》に方便《ほうべん》を設《もう》けて、此《こ》の薬《くすり》を服《ふく》せしむべし」。

即《すなわ》ち、是《こ》の言《ことば》を作《な》さく、

「汝等当《なんだちまさ》に知《し》るべし。我今衰老《われいますいろう》して、死《し》の時已《ときすで》に至《いた》りぬ。是《こ》の好《よ》き良薬《ろうやく》を、今留《いまとど》めてここに在《お》く。汝取《なんじと》って服《ふく》すべし。差《い》えじと憂《うれ》うること勿《なか》れ」。……

是《こ》の時《とき》に諸《もろもろ》の子《こ》、父背喪《ちちはいそう》せりと聞《き》き、心大《こころおお》いに憂悩《うのう》して、是《こ》の念《ねん》を作《な》さく、

「若《も》し、父在《ちちいま》しなば、我等《われら》を慈愍《じみん》して、能《よ》く救護《くご》せられまし。今者《いま》、我《われ》を捨《す》てて、遠《とお》く他《た》国《こく》に喪《そう》したまいぬ。自《みずか》ら推《おもんみ》るに、孤露《ころ》にして、復恃怙無《またじこな》し」。

常《つね》に悲感《ひかん》を懐《いだ》いて、心遂《こころつい》に醒悟《しょうご》しぬ。乃《すなわ》ち、此《こ》の薬《くすり》の色香美味《しきこうみみ》を知《し》って、即《すなわ》ち取《と》って之《これ》を服《ふく》するに、毒《どく》の病皆癒《やまいみない》ゆ。其《そ》の父《ちち》、子悉《こことごと》く已《すで》に差《い》ゆることを得《え》つと聞《き》いて、尋《つ》いで便《すなわ》ち来《きた》り帰《かえ》って、咸《ことごと》く之《これ》に見《まみ》えしむ。

四十　願いは叶う

浄土宗は中国の曇鸞《どんらん》・道綽《どうしゃく》・善導《ぜんどう》より始まるが、誤り多く、多くの人々を間違った教えに導いたのである。ところが、日本の法然、これを受け継いで、多くの人々を念仏に引き入れたのである。のみならず、天下の諸宗をも凌駕《りょうが》するような勢いで流布するのを見て、比叡山三千の大衆・南都興福寺・東大寺の八宗がこぞって念仏を批判したのだが、効果なく広がる一方だった。

焦った旧仏教界はこの勢いを止めるため、朝廷に頼る。

これによって朝廷も勅宣《ちょくせん》を下《くだ》し、将軍家より御教書を発して念仏の教えを止めようとしたのだけれども止まらなかった。いよいよ繁昌して、返って主上・上皇・万民等に至るまで、皆信伏するに至ったのである。

しかるに日蓮は、安房国東条片海の漁師の出身である。

権威や肩書きや威徳もない。

一介の僧である。

かの南都北嶺に象徴される諸宗諸大寺の権威をもってしても、また天子の制止をもはね返した念仏をふせぐことができるかどうか、絶対の自信があったわけではない。

しかし、誤った教えが天下に流布されていることはとても看過《かんか》できることではなく、経文を亀鏡《ききょう》（拠りどころなる模範。証拠）と定め、天台伝教の指南を手に念仏を批判、正しい教えを流布せんと一身を賭してきた。

そうして建長五年（一二五三）より今年文永七年（一二七〇）に至るまで、十七年の間、念仏を批判し続けた結果、日本国の念仏流布の勢いも漸《ようや》く沈静化した。

今そのことを実感しているところである。

また、口では念仏を捨てたようには見えなくとも、心中では念仏が成仏への道ではないと思っている人々は多い。

願いは想い続ければ、いつかは叶う。（「善無畏三蔵抄」）

【原文】「善無畏《ぜんむい》三蔵抄」　文永七年　四九歳

浄土宗は曇鸞・道綽・善導より誤り多くして、多くの人々を邪見に入れけるを、日本の法然、是をうけ取りて人ごとに念仏を信ぜしむるのみならず、天下の諸宗を皆失はんとするを、叡山三千の大衆・南都興福寺《なんとこうふくじ》・東大寺の八宗より是を塞《せ》く故に、代々の国王勅宣《ちょくせん》を下し、将軍家より御教書《みぎょうしょ》をなして塞《せ》けどもとどまらず。弥々《いよいよ》繁昌して、返りて主上上皇万民等にいたるまで皆信伏せり。

而《しか》るに日蓮は、安房国東条片海《かたうみ》の石中《いそなか》の賤民が子なり。威徳なく、有徳のものにあらず。なににつけてか、南都《なんと》北嶺《ほくれい》のとどめがたき天子虎牙《こが》の制止に叶はざる念仏をふせぐべきとは思へども、経文を亀鏡《ききょう》と定め、天台伝教の指南を手ににぎりて、建長五年より今年文永七年に至るまで、十七年が間是を責めたるに、日本国の念仏大体留まり了んぬ。眼前に是見えたり。又口にすてぬ人々はあれども、心計りは念仏は生死をはなるる道にはあらざりけると思ふ。

四十一　未完成の完成

比叡山の中央部西塔《さいとう》に法華堂と常行堂がある。通称比叡山の「にない堂」と称されている二つの堂である。法華堂はその名の通り法華経の修行道場であり、常行堂は念仏の修行道場である。

後に、常行堂は法然の浄土宗につながり、法華堂は日蓮の法華宗につながる。とはいうものの、比叡山の法華経の修行と日蓮の説くところが全同というものではない。また常行堂の念仏修行が法然の説く念仏と同じというわけでもない。それぞれ進化した形である。

日蓮（一二二二〜一二八二）が生まれた時、すでに十年前に法然（一一三三〜一二一二）は亡くなっていた。が、法然の専修念仏は日本中に広がりを見せていた。法然は、十三歳で比叡山に入山し、法華経を中心とする修行を約三十年続けた後、四十三歳で中国浄土教の善導が説くところの専修念仏に感銘を受け、法華経の修行を停止し、専修念仏に専念するのである。

そうして著した書が「撰択本願念仏集《せんちゃくほんがんねんぶつしゅう》」である。

そこに説くところは「捨閉閣抛《しゃへいかくほう》」、すなわち、法華経などの教えを捨てる、経典を閉じる、教えを閣《さしお》く、経典を抛《なげう》つというものであり、後に日蓮が「念仏無間」と批判することになる。

日蓮も修行の当初は念仏修行だった。その後種々の修行を重ねていく中で、法華経の教えに魅入《みい》られ、傾倒していくこととなる。そういう意味で、法然と日蓮は真逆である。法然は法華経から念仏へ、日蓮は念仏から法華経へ、である。

法然は、何ゆえ法華経に説く修行や成仏の教えを捨てたのか。それは法華経の教主である釈迦を目標に、目指したからと思う。完全な形での仏を目指して、法然は挫折し、絶望し、念仏に救いを求めたと言える。けれども、日蓮からすると、法然の転向は単に逃げているように見える。釈迦から阿弥陀仏に逃げたように見えるのだ。

では日蓮は何を目指すのか。日蓮は法然のように釈迦を目指さない。日蓮自身に備わる仏を目指すのだ。いわば日蓮仏とでもいうべきものである。この日蓮仏は釈迦如来と比較すると、到底仏といえるものではないかもしれない。それでいいと日蓮は考える。釈迦如来が仏の完成形であるとすると、未完成の仏と言える。更に言えば、未完成の完成と言える。

これからの時代は釈迦のような完成された仏を目指さなくてもよい。皆が自己の中に備わる自己仏を目指せば良いのだ。言葉を変えれば、自分自身の中に備わる仏の性質を顕現できるようになることが重要である。（「四信五品抄」）

【原文】「四信五品抄」　建治三年四月　五十六歳

問ふ、末法に入って初心の行者必ず円の三学を具するやいなや。答えて曰く、……仏正しく戒定《かいじょう》の二法を制止して一向に慧の一分に限る。慧又堪へざれば、信を以て慧に代ふ。信の一字を詮と為す。

問うて云はく、末代初心の行者に何者をか制止するや。答へて曰く、檀戒等の五度を制止して一向に南無妙法蓮華経と称せしむ……。疑って云はく、此の義未だ見聞せず。心を驚かし耳を迷はす。明らかに証文を引いて請ふ苦《ねんごろ》に之を示せ。答へて曰く、……文句の九に云はく「……直ちに専ら此の経を持つは即ち上供養なり……」。「直専持此経《じきせんじしきょう》」と云ふは、一経に亘るに非ず。専ら題目を持ちて余文を雑《まじ》へず。尚一経の読誦だも許さず、何に況んや五度をや。……伝教大師云く……「末法の中に持戒の者有らば、是怪異《けい》なり。市《いち》に虎有るが如し……」。

妙法蓮華経の五字は経文に非ず。其の義に非ず、唯一部の意ならくのみ。

四十二　一念心岩をも通す

石虎《せっこ》将軍の異名がある中国前漢時代の李広《りこう》将軍は、母が虎に襲われ、殺されてしまう。以来将軍は虎退治に大いなる執念を燃やし、虎に対して母の仇を討つことを誓うのである。

ある時、将軍は猟に出る。その時、草中に虎の姿を見つけるのである。母の仇とばかりに、とっさに弓を引くと矢は獲物に命中する。虎を射たと思った将軍が確認すると、それは虎ではなく、虎に似た石だった。しかも矢は、羽のところまで深く石に刺さっていたのである。後に同じように石に対して矢を射ても、二度と刺さることはなかった。

母の仇と思う一念の心が石に矢を射通したということである。一念心はなにものにも勝る大切なものだ。私たち一人の力には限りがある。何事かを成し遂げようとするとき、諸天善神の後押しは不可欠だが、不思議なことに、諸天善神は私たちの強い一念心に対して後押しをする。

天台大師が、

「必ず心の固きによって、神の守りすなわち強し」

と説いたごとくである。（「四条金吾殿御返事」）

【原文】「四条金吾殿御返事」 弘安元年 五七歳

摩訶止観弘決第八に云はく、「必ず心の固きに依《よ》って神の守り則ち強し」云云。神の護ると申すも人の心つよきに依るとみえて候。……

されば能く能く心を鍛《きた》はせ給ふにや。李広《りこう》将軍と申せしつはものは、虎に母を食らはれて虎に似たる石を射しかば、其の矢羽《やはね》ぶくらまでせめぬ。後に石と見ては立つ事なし。後には石虎《せっこ》将軍と申しき。

注① 諸天善神……法華経に説かれる法華経の行者を守護する善神のこと。諸天善神は人である場合もあるし、事象である場合もある。いわば、法華経の行者を後押しする全ての事柄。

四十三　変《へん》毒《どく》為《い》薬《やく》

法華経には、いくつかの特徴的な教えがある。
その一つに、「不二《ふに》」というのがある。
「不二」というのは、表面上二であっても二ではなく、
だからといって一でもないということだ。
違うものの中に共通のものを見ていくということであり、
逆に一つのものの中に違うもの、異なる面を見ていくということでもある。

これを善悪に当てて「善悪不二」という。

善と悪は表面上対極にある。

けれども法華経ではそうは考えない。即ち善と悪は不二と考えるのである。

すなわち一つの出来事であっても、両面があるということであり、あるいは二つのものに

一つの共通項があるということでもある。
別な言い方をすれば、善の裏には悪があり、悪の裏に善があるということである。
一つの出来事、一つの事柄をある一面からしか見られなかったら、
もしそれが善であり悪であるということだったら、
例えば悪だったら悪しか生まれない。
善だったら善しか生まれない。
自分にとって、災いが降りかかってきた。
不幸が降りかかってきたとき、もし一つしか見方ができなかったら、
これはもう悪であり、災いである。全くそこからもう生まれるものは無い。

そういう見方をしない。善と悪は不二だと考えるのである。悪と善は一つのものの裏と表ということだ。善が表に出たと思ったら、裏には悪がある。

逆に表が悪でも裏は善なのである。頭を柔軟にして、柔軟な思考能力があれば、どんなことがあってもそれに対応することができる。

すなわち災いと幸いは不二なのである。単に災いだけということはない。単に幸いだけということもない。必ず裏と表がある。

だから一方的に嘆く必要もないし、一方的に絶頂となるのも宜《よろ》しくない。ゆえに、悪は善に変えられる。ここから蘇生《そせい》という考えが生まれる。

大乗仏教諸宗の祖である龍樹菩薩は、大論（「大智度論」）において法華経の功徳として、「毒変じて薬となす」と説いた。まさしく妙法蓮華経の五字は悪変じて善とするのである。蘇生の功徳というべきか。

日蓮の法華経を弘める歩みも、まさに変毒為薬《へんどくいやく》の歩みだ。弾圧と法難の繰り返しである。苦しいことの連続で、中には命がけのこともあった。襲撃を受けて、まさに殺されかけたけれども、殺されることはなく、より法華経への信仰心は深まった。

法華経の功徳というものは、良いことばかり続くのが法華経の功徳ではなく、また悪いことが来ないのが法華経の功徳というわけでもなく、蘇生する能力を持つということが功徳なのである。何回負けたっていい。

人生、最後に勝てばいいのだ。（「内房女房御返事」）

【原文】「内房女房御返事」　弘安三年八月　五十九歳

妙法蓮華経の徳あらあら申し開くべし。毒変じて薬となる。妙法蓮華経の五字は悪変じて善となる。玉泉《ぎょくせん》と申す泉は石を玉となす。この五字は凡夫を仏となす。

四十四　人の使いに三人あり

釈迦に始まる仏教の歴史を振り返って見ると、三つの時代に区分される。

釈迦の入滅後約千年間、この時代は釈迦の教えを一文一句誤りなく伝えることに主眼が置かれ、釈迦の教えを直に聞いた直弟子とその流れを汲む弟子達によって教えが伝えられた時代、仏教ではこの時代を正法《しょうぼう》時代という。字のごとく正しい法が伝えられた時代のことである。

釈迦の直弟子にして、直説を尊び、かつ智恵才覚に優れた迦葉・阿難、その流れを汲む竜樹・天親によって仏教が広められた時代である。


次の約千年を像法《ぞうぼう》時代という。釈迦の教えも千年を過ぎると、風化が始まり、次第に形骸化するようになる。教えが形骸化すると、堂塔伽藍や仏像が主眼になっていく。

像法時代の像とは、まさしく堂塔伽藍や仏像を指している。

実は堂塔伽藍や仏像が注目されるということは、仏教が形骸化して、教えより見た目が大切にされるようになったということの裏返しである。

そして、教えの方はというと、経典に伝わる釈迦の教えに、更にその時代の論師や人師といわれる高僧達の思想が加わって、釈迦の教えがある時はこう言い、ある時はまた違うような教えとして伝えられ、同じ釈迦の教えなのに、矛盾するような教えが横行するようになっていく。そうして本物の教えと、似て非なる教えが共存するという、そういう時代である。

本物の教えは、天台大師智顗《ちぎ》・伝教大師最澄、似て非なる教えは、法相宗の玄奘《げんじょう》、真言宗善無畏《ぜんむい》・空海、浄土宗善導、禅宗達磨《だるま》大師などがそれである。


時代が更に下って、仏教が釈迦入滅より二千年以降を末法《まっぽう》時代という。まさに字のごとく、末の時代ということである。もはや釈迦の仏教は形骸化さえ通り過ぎて、釈迦の教えとは何だったのかさえわからなくなった時代のことである。

この時代は、像法時代より更に本来の釈迦の教えから逸脱した教えが横行し、本物の教えと似て非なる教えが共存というより、ほとんど似て非なる教えが仏教の教えとして一般化して、本物の教えがまさに消えかからんとする時代である。

このような時代ではあるが、不思議なことに、釈迦の教えの原点とは何かを追求し、それを再度世に広めようとする動きが起こる。知恵や才覚では、劣るかもしれないが、愚直なほどに釈迦の原点とは何かを追求する一念は、負けてない。いや過去の高僧達より優れているかもしれない。こういう姿勢から釈迦の原点の教えが、新しい形で蘇っていくのである。

今時は釈迦入滅より二千二百余年、日蓮の周囲を見渡せば、浄土念仏・真言密教・達磨禅が国中に広まっている。釈迦の本来の教えを受け継いでいるはずの比叡山延暦寺を本山とする天台法華宗は、宗祖である伝教大師の理想とした姿からは程遠い。

そうした時代であるからこそ、日蓮は愚直に法華経の根底にある教えを追及するのである。

（「衆生身心御書」）

【原文】「衆生身心御書」　弘安元年春　五十七歳

人のつかひに三人あり。一人はきわめてこざかしき。一人ははかなくもなし、又こざかしからず。一人はきわめてはかなくたしかなる。此の三人に第一は過《あやま》ちなし。第二は第一ほどこそなけれども、少しこざかしきゆへに、主の御ことばに私の言を添うるゆへに、第一の悪き使いとなる。第三はきわめてはかなくあるゆへに、私の言《ことば》を交《まじ》へず。きわめて正直なるゆへに主の言をたがへず。第二よりも良き事にて候。あやまって第一にもすぐれて候なり。第一をば月氏の四依に譬《たと》う。第二をば漢土の人師に譬《たと》う。第三をば末代の凡夫の中に愚痴《ぐち》にして、正直なるものに譬《たと》う。

四十五　妙法蓮華経と申すは蓮《はす》に譬えられて候

仏教ではすべての宗派で蓮華が重要視されるが、特に法華経は正式名が妙法蓮華経であり、経題に蓮華が入っていて、蓮華が特に意味を持っているのは言うまでもない。妙法蓮華経は分解すると、妙法、蓮華、経になる。したがって、経の意味は蓮華に譬えられる妙なる法の教えということである。

仏教では天界においては摩訶曼陀羅華《まかまんだらけ》、人間の住む地上においては桜の花、これらの花が最上の花として愛《め》でられている。けれども、これらの花を妙法の譬えとして釈迦は取ることをしなかった。

一切の花の中において、蓮華がここまで重要視されるのは勿論わけがある。

一には、蓮華は泥中に清らかな花を咲かせる。ちょうど世間の泥中にあっても、その世間の濁りに染まることなく、清らかに生きていくことができることを示唆《しさ》しているように見えるのである。

二には、因果倶時《いんがぐじ》を表すに相応《ふさわ》しいのである。蓮華の華は因を表し、菓（木の実。ここでは蓮華の実）は果を表している。植物は華と菓のあり様がいくつかある。

まずは前花後菓。すなわち花は前、菓は後である。桜や桃がこの類《たぐい》である。

次に前菓後花。菓は前、花は後。胡麻《ごま》などがこの類である。

またあるいは一花多菓、あるいは多花一菓、あるいは無花有菓と種々ある。

その中で、蓮華のみ菓と花が同時である。華が咲くときともに菓がなっている。

蓮華の菓と花が同時であるということは、何を意味しているのか。

多くの経典では修行の功徳を説くとき、先に善根を為《な》して後に仏と成ると説く。

すなわち先に因があって、後に果が付いて来ると考える。

しかし、法華経はそうは説かない。

法華経に帰依して手に取れば、その時即座に仏に成り、

また口に南無妙法蓮華経と唱えれば、その口即ち仏であると説く。

すなわち因と果は前後するのではなく、同時であると説く。

このことは何を意味するのか。

一般的には、先に因があって、しかる後に果が付いて来ると考えがちである。

本当はそうではない。

因と果とは同時なのだ。ただ後から付いて来るように感じるだけで、因の裏にはすでに果が存しているということを意味している。

今この瞬間に何かをなそうとしているとき、実はその時すでに結果は具わっているということである。いいことも悪いことも。

であるならば、この一瞬一瞬を大切にして、善因を行うことが重要であるということを、法華経は説いている。（「上野尼御前御返事」）

【原文】「上野尼御前御返事」　弘安四年十一月　六十歳
妙法蓮華経と申すは蓮《はす》に譬へられて候。天上には摩訶曼陀羅華《まかまんだらけ》、人間には桜の花、此等はめでたき花なれども、此等の花をば法華経の譬へには仏取り給ふ事なし。一切の花の中に取り分けて、此の花を法華経に譬へさせ給ふ事は、其の故候なり。或は前花後菓と申して花は前《さき》、菓《み》は後なり。或は前菓後花と申して菓は前、花は後なり。或は一花多菓、或は多花一菓、或は無花有菓と品々に候へども、蓮華と申す花は菓と花と同時なり。一切経の功徳は、先に善根を作して後に仏とは成ると説く。……
法華経と申すは、手に取れば其の手やがて仏に成り、口に唱ふれば其の口即ち仏なり。

四十六　鑑真と伝教大師最澄

人と人のつながりは不思議なものである。

わが国に法華経の宗派として、天台法華宗を開設した伝教大師最澄は、神護景雲元年（西暦七六七）～弘仁十三（八二二）年の生涯である。

十二歳で出家し、十九歳の時比叡山に入山する。

その時の決意表明が「願文」として伝えられている。

そこには天台法華教学の用語が使用されていて、すでにこの頃より天台教学の素養があったことがわかる。その後二十二歳の時に根本中堂として一乗止観院を創建する。これが天台法華宗の始まりである。

その創建に際して、地中より特別な鍵を発見したと伝えられている。その後、最澄は三十七歳の時に中国（唐）へ渡り、正式に法華宗を日本に伝え、法華宗を開設するにいたる。

最澄は当初から法華経の教えを追及していたのではなかった。最澄の師は行表という僧であったが、この人は華厳宗の教えを主に修行していた僧であったので、最澄も当初は華厳宗の教えを修行していたのだった。その修行を通じて、天台法華宗の教えに魅了され、いつしか法華経の教えを根本精神とする法華宗の開設に至るのである。

最澄が魅了された書物が中国天台宗の祖、天台智者大師智顗（五三八～五九七）の著述、摩訶止観・法華玄義・法華文句などの法華経関連の経論である。

実は、これらの書物は鑑真によって日本に将来されたものだった。

鑑真は六八八～七六三年の生涯で、鑑真寂後三年が最澄の生誕であり、したがって最澄は直接鑑真と接してはいない。最澄は鑑真の弟子道忠（七三五～八〇〇）の後援によって、これらの書物を入手したのだった。後に道忠の弟子達の多くが最澄の弟子になる。

鑑真は日本へ正式な戒律を伝えたことで有名であり、日本律宗の祖とされているが、実は天台宗の教義についてもかなりの見識を持っていた。

そのようなことから、鑑真は日本に来るに当たって多数の法華経関連の書物を持ってきたのだった。衆生済度の情熱に燃える若き最澄が、鑑真将来の天台法華宗関連の書物に出会ったことは、実に歴史の幸運と言えるだろう。

最澄は三十七歳の時入唐し、三十九歳の時に帰国する。この間、天台法華宗及び各宗の教義を学ぶのである。

最澄が天台山にて、天台宗第七祖道邃《どうずい》和尚に会って、天台大師以来の教えを伝授されるに際し、ある言い伝えが残されている。

当時天台山には十五の経蔵が存在していた。道邃和尚は、求法のため天台山を訪れた最澄の熱意に感じ、十五の経蔵の内、十四の経蔵を開き、種々の法門を伝授するが、一の経蔵だけは開かなかった。

そこで最澄は道邃和尚にこの経蔵も開いてくれるように願うのであるが、和尚曰く、この蔵には鍵がないと言う。そして鍵は天台大師の後身が所持していると言うのである。実は最澄は一乗止観院創建に際し、その地中より一つの鍵を見出していた。そしてその鍵を入唐《にっとう》に際し所持していたのだった。

そこで最澄は、一乗止観院創建に際し発見した彼の鍵を用いてみると、蔵を開くことができたのであった。そして開かれた蔵を見ると、奥の方より一条の光が室内に満ち、更によく見ると、その光は一念三千の法門を説き明かした摩訶止観から発せられていたのであった。

一連の様子を見ていた道邃和尚は、最澄が天台大師の後身と悟り、最澄を礼拝したのであった。

この言い伝えからすると、鑑真が将来した天台大師著述の摩訶止観を始めとする多くの法華経関連の書に最澄が出会えたのは、必然ということになる。（「一代聖教大意」）

【原文】「一代聖教大意《いちだいしょうきょうたいい》」正嘉二年二月　三十七歳

日本の伝教大師比叡山を建立の時、根本中堂の地を引き給ひし時、地中より舌八つある鑰《かぎ》を引き出だしたりき。此の鑰を以て入唐の時に、天台大師より第七代妙楽大師の御弟子道邃《どうずい》和尚に値い奉りて天台の法門を伝へし時、天機秀発の人たりし間、道邃和尚悦びて天台の造り給へる十五の経蔵を開き見せしめ給ひしに、十四を開きて一の蔵を開かず。

其の時伝教大師云はく、師、此の一蔵を開き給へと請ひ給ひしに、邃和尚の云はく、此の一蔵は開くべき鑰《かぎ》無し。天台大師自ら出世して開き給うべし云々。其の時伝教大師日本より随身の鑰を以て開き給ひしに、此の経蔵開きたりしかば経蔵の内より光《ひかり》室に満ちたりき。その光の本を尋ぬれば此の一念三千の文より光を放ちたりしなり。ありがたかりし事なり。

其の時邃和尚は返りて伝教大師を礼拝し給ひき、天台大師の後身と云々。

四十七　易解と得意

法門というものを考える時、まず法門の理解の仕方というものが大切だ。

天台学では、真理というものを説明するにあたって、三種類の真理を説く。すなわち空諦《くうたい》・仮諦《けたい》・中諦《ちゅうたい》の三である。しかし、真理が三もあるわけではない。本来は一である。

空諦とは、あらゆる存在は実体のない空であるとする存在の否定面を意味する。仮諦とは、あらゆる存在は実体はないものの、縁起によって仮に存在するという存在の肯定面。中諦とは、あらゆる存在は空諦で存在するわけでもなく、また仮諦で存在するわけでもなく、両者を超えたところで存在するので、これを中諦という。

この三諦は「一諦にして三にあらず、一にあらず、しかも三しかも一」といわれる如く、三であり三でなく、一であり、一でなくというものである。なぜ本来一であるものが、このように三あるいは一と説明されるのかというと、易解と得意という考え方からである。三諦を説いた天台大師は、一諦・三諦について、その著「法華玄義」において、「理解し易くするために、三諦を空・仮・中と各別に説明するのである。けれども意得るときは、空即仮中と理解しなければならない」と説明している。つまり、本来真理は一であり、空仮中は一つのものであるが、師が弟子へ解り易くするために空・仮・中と別々に存在するかのように説明するが、弟子は理解するときは、三諦は一諦であると理解しなければならないというものである。易解は方便、得意は真実を意味する。こういう分別して何かを説明するのは、この三諦に限ることではなく、仏の三身も同様である。仏の三身とは、法身・報身・応身の三である。これは仏の身を分析して、三の面から説明したもので、仏が備えている徳というべきものである。

法身とは、仏の悟った真理。報身とは仏の知恵、応身とは仏の慈悲の面を指す。けれども、仏が三身で存在するわけではなく、いうまでもなく仏は一身で存在する。これもつまり、易解と得意の論理である。法華経修行の要諦である三学もこれと同じ論理であり、日蓮の修行の要諦、本門の本尊・戒壇・題目も、まさに同じ論理である。（「法華玄義」）

【原文】「法華玄義」　中国天台宗祖　天台大師智顗

分別して解し易からしむ。故に空仮中を明かす。意を得るの言をなせば、空即仮中なり。

注①　諦……仏教学では真理を諦という。真諦という言い方もある。

四十八　三学の勝劣次第

三学とは、戒律・禅定・智慧の三をいい、大乗仏教の修行の要諦である。仏道修行をする者が、必ず修めるべき基本的な修行であり、一、戒学・二、定学・三、慧学の三をいう。戒学とは戒律であり、身口意《しんくい》の三悪を止め善を修すること。定学とは禅定を修することで、心の散乱を防ぎ安静にさせる法。慧学とは智慧を身につけることであり、煩悩の惑を破り、静かな心をもって、すべての事柄の真実の姿を見極めることをいう。

この三学は、元は小乗仏教の三蔵に相当し、戒学は律蔵、定学は経蔵、慧学は論蔵に相当する。三学の関係は、戒律を守り生活を規則に則って修することによって悪を断ち、定を助け、禅定の安心によって知恵を発し、智慧は真理を悟り、仏道修行を全うすることによって、仏道を完成させるのである。

この三学は、戒定慧の勝劣として、戒より定勝れ、定より慧勝れたりと勝劣があり、三学においては慧が最も深いものである。この考え方は、小乗・大乗ともに一貫していて変わらない。

また、三学には戒定慧、定戒慧、慧定戒と次第する場合、特殊な意味が付与される。いわゆる三学の次第である。その場合、戒定慧は修行の場合の次第、定戒慧は師から弟子への教導次第、慧定戒の次第は法門の浅深次第となる。

これをもう少し詳しく説明すると、戒定慧と次第するときは、弟子が修行する時の順序を示し、弟子は修行する場合、先ず戒を修行し、次に定を修行、最後に慧を会得するので、戒定慧の順序になるということである。

これに対して、定戒慧は師が弟子に教えるときに、先ず悟りの境地である定を示し、次に修行の始まりとして戒を説き、次に定に行き着くための慧を修行させる。すなわち定戒慧の順序になるのである。ここから法門的に考えたときには、慧が最も深く、次が定、戒が最も浅いということになる。これが慧定戒の次第である。

よって三学は、その次第によって、意味が異なるということ。

戒定慧は弟子が修行に入る順序をあらわしたもの、戒は浅く、恵は深い。

定戒慧は、師が弟子に修行の仕方を教える場合の順序を示したもので、目標である定が最初に示されて、次に修行の始まりである戒、最後に定の根幹である慧が示されるというもの。

慧定戒は、法門的に重要性や浅深を言うならば、慧が一、定が二、戒が三となる。

これらのことから何が言えるかというと、戒定慧の三学の中で最も重要なのは、戒でも定でもなく、慧であるということである。

これは法華教学における基礎として理解しておかなければならない。

ここを押さえた上で、日蓮の本門の本尊（定）・戒壇（戒）・題目（慧）を考えた時、必然的に最も重要なものは、本尊でも戒壇でもなく、題目ということになる。（「一代聖教大意」）

【原文】「一代聖教大意」　正嘉二年　三十七歳

三蔵とは、一には経蔵亦定蔵とも云ふ。二には律蔵亦戒蔵とも云ふ。三には論蔵または慧蔵とも云ふ。

但し、経律論の定戒慧・戒定慧・慧定戒と云ふ事あるなり。……戒定慧の勝劣と云ふは、……故に戒より定勝れ、定より慧勝れたり。

四十九　鳩摩羅什と竺法護

インドから中国に経典が伝わり、梵語（インド語）から漢文に翻訳される中で、かなりの訳僧たちがこれに携わった。その中で特に法華経に関しては、竺法護《じくほうご》（二三九〜三一六）と鳩摩《くま》羅什《らじゅう》（三五〇〜四〇九頃）が知られている。

竺法護の法華経は正法華経《しょうほけきょう》として漢訳され、鳩摩羅什とは約百年の違いがある。鳩摩羅什の法華経は妙法蓮華経と漢訳され、この二訳に隋代（六世紀）の闍那崛多《じゃなくった》・達磨笈多《だつまぎゅうた》共訳の添品法華経《てんぽんほけきょう》を加えて三訳と称されるが、妙法蓮華経は正法華経の欠点を克服し、添品法華経は鳩摩羅什の妙法蓮華経の焼き直しの感があり、後世日本では鳩摩羅什の妙法蓮華経のみが法華経の代名詞として評価されている。

けれども、鳩摩羅什の妙法蓮華経は当初からそのような評価を受けていたわけではない。むしろ当初は、竺法護の正法華経の方が法華経の漢訳としては主役だった。その主たる原因は、鳩摩羅什の僧侶人生にある。鳩摩羅什は西域の亀茲国《きじこく》の王族の母、インド貴族の父を両親に持ち、年少にて出家、初めは小乗仏教を修行するも、後に大乗仏教に転向する。その後、母国の亀茲国が中国の侵略軍に占領され、人質となり、婚姻を強制され妻帯することとなる。そのため破戒僧と批判され、漢訳経典そのものも破戒僧の訳経として内容より経歴が問題にされたのである。

一方、竺法護は持戒堅固であり、漢訳の姿勢もインドから伝わった原典に忠実な漢訳であったため、当初は竺法護の正法華経が法華経の漢訳として主役だったのである。けれども原典に忠実ではあるものの、内容的に人心の心を捉えるという点では、今一つの感があって、こういうことから諸経典の中における法華経そのものの評価もさほど高くなかったのである。

竺法護の正法華経から百年後に訳された妙法蓮華経が中国仏教界に登場すると、徐々に妙法蓮華経が正法華経に代わって主役になっていった。鳩摩羅什の経歴に批判をしたとしても、それを上回るほどに内容が人々の心に感銘を与えたのである。これ以降、正法華経が妙法蓮華経にとって代わることはなかった。

正法華経と妙法蓮華経の決定的な訳の違いは、経題そのものに象徴的に表れている。法華経はインド原典では、サッダルマ・プンダリーカ・スートラである。サッは正しい、ダルマは法、プンダリーカは蓮華、スートラは経と直訳される。ここから竺法護は正法華経と訳した。蓮華に譬えられる正しい法の教えである。この訳は言葉に忠実な訳である。

対して妙法蓮華経は、蓮華に譬えられる妙なる法の教えとなる。正と妙、ここに竺法護と鳩摩羅什の決定的な違いがある。正は邪に対する正であり、善悪では悪に対する善ということになる。つまり多分に相対的ということができる。これに対して、妙は不可思議な意味もあって、善悪や正邪というものを超越した概念を持っているということができる。鳩摩羅什はサッダルマを訳すに当たって、単に正法と訳すには何かしら足りないものを受け取ったに相違ない。その足りない何かを妙の一字に込めたのではなかろうかと思うのである。

囲碁や将棋の世界で、理論的に正しい手を正着という。一方、対局が終了した後、打った時点では特別良くもないと思われていた手が、局後に何とも言えず勝敗の決め手になった手を妙手という。こういう手は考えて打った手というより、不思議な何かに導かれて打った手ということができる。つまり善悪・正邪を超えているのである。

仏教経論の解釈には、教相主義と観心主義というのがある。教相主義とは、経論の文面に忠実に解釈すること意味し、観心主義とは、経論の表面の文面に固執せず、その文章が何を言わんとしているかを見極め、文章の中に込められたものを見い出す解釈の方法である。

教相主義は固定観念に陥りやすく、一方で観心主義は独断と偏見に陥りやすいというそれぞれ欠点を有する。しかしそれでも、教相主義には基本的に未来への展望がない。教相というものを大切にしつつ、基本的は観心主義に立脚することが良いように思う。

竺法護と鳩摩羅什の法華経の訳を比較すると、竺法護は教相主義に立脚し、鳩摩羅什は教相も大事にしつつ、それに終始することもなく、大胆に観心主義を取り入れ、独特の漢訳を行った。それが故に多くの人々の心に響いたと思われるのである。正法を妙法と訳した鳩摩羅什の翻訳は、観心主義でなければ成し得ない業績である。

仏伝では、鳩摩羅什は自らの死後、火葬にすべし。もし舌が焼けたならば訳経を捨てよと弟子達に遺言を残す。弟子達は鳩摩羅什の死後遺言に従って火葬にする。すると舌のみが青蓮華の上に焼け残り、五色の光を放って、鳩摩羅什の訳の正しさが証明されたという伝説が伝えられ、そしてこの事柄によって、法華経が中国全土に広まったと伝わっている。

さて、日蓮は基本的に観心主義に立脚している。観心本尊抄はその観点から本尊を論じたものである。書名がそれを如実に語っている。（「撰時抄」）

【原文】「撰時抄」　建治元年六月　五十四歳

総じて月支より漢土に経論をわたす人、旧訳《くやく》新訳に一百八十六人なり。羅什《らじゅう》三蔵一人を除いてはいずれの人々も誤らざるはなし。……羅什三蔵の云はく、我漢土の一切経を見るに、皆梵語《ぼんご》のごとくならず。いかでか此の事を顕はすべき。但し一つの大願あり。身を不浄になして妻を帯《たい》すべし。舌計《ばか》り清浄になして仏法に妄語せじ。我死せば、必ずやくべし。焼かん時、舌焼くるならば我が経をすてよと、常に高座《こうざ》にして説かせ給ひしなり。……終に死し給ひて後、焼きたてまつりしかば、不浄の身は皆灰となりぬ。御舌計《ばか》り火中に青蓮《しょうれん》華生《げお》ひて其の上にあり。五色の光明を放ちて夜は昼のごとく、昼は日輪の御光をうばい給ひき。さてこそ一切の訳人の経々は軽くなりて、羅什三蔵の訳し給へる経々、殊に法華経は漢土にはやすやすとひろまり候ひしか。

注①　鳩摩羅什……西暦三四四年亀茲国の生。七歳で出家、小乗仏教を学ぶ。後、大乗を学す。三八二年国が滅亡し、人質となる。四〇一年、中国・後秦・興に迎えられ、法華経・般若経・大智度論・維摩経・阿弥陀経等を訳す。四〇九年、六十五歳で寂。

五十　北条宣時書状と日蓮の旅

日蓮が龍の口にて幕府より斬首されようとしたのが文永八年（一二七一）九月十二日。斬首されず佐渡流罪と決まり、佐渡着が同年十月二十八日。塚原三昧堂にて冬を越し、翌九年（一二七二）二月「開目抄」著述。同年四月三日、一の谷に移住、同地にて十年（一二七三）四月「観心本尊抄」著述。

流罪二年の間、日朗・日興を始めとする弟子達の布教によって佐渡にても徐々に信徒が増えていった。これに危機感を抱いたのが幕府である。文永十年（一二七三）十二月七日、武蔵国前司・北条宣時は佐渡国依智六郎左衛門尉に対して次のような下知状を発する。

佐渡国の流人僧日蓮、弟子等を引率し、悪行を企むの由その聞こえあり。所行の企て甚だ以て奇怪である。今より以後、彼の僧に信服随従するの輩においては、警告を発すべきである。それでもなお、違犯するのであれば、氏名を注進しなければならない。よって執達件《しったつくだん》の如し。

これによって、日蓮の教団が消滅したのかといえばそうではない。彼らの思惑は成功しなかった。そうこうする内にいよいよ元が攻めてくることが確実となり、予言が的中したことなどにより、幕府は日蓮を鎌倉に呼び戻し、時局を諮問するため、赦免することになる。

文永十一年（一二七四）二月十四日赦免状を発し、佐渡に三月八日到着。
その後三月十三日佐渡一の谷を出発。
同二十六日鎌倉着。
四月八日、平左衛門頼綱と面談。
第三回目の国家諫暁《かんぎょう》を行う。
けれども日蓮の主張が受け入れられることはなかった。

ここにおいては、鎌倉に留まる意味もなく、山林に交わることが古来よりの賢人の習いであり、なおかつ日蓮はこの山中が心中に叶うので、最終の地になるかどうか定まらないが、当面ここ身延山に留まろうと思う。

いまだ宗教的にやり残したこともあり、しばらくはそれに専念しよう。

結局のところ、日蓮は一人になって日本国に流浪すべき身ということであろうか。（「法華行者値難事」「富木殿御書」）

【原文】「（北条宣時書状）法華行者値難事」　文永十一年五月　五十三歳
佐渡国の流人の僧日蓮、弟子等を引率《いんそつ》し、悪行を巧《たくら》むの由其の聞こえ有り。所行の企《くわだ》て甚《はなは》だ以て奇怪なり。今より以後、彼の僧に相随はんの輩に於いては炳誡《へいかい》を加へしむべし。猶以て違犯《いぼん》せしめば、交名《きょうみょう》を注進せらるべきの由候所なり。仍って執達件《しったつくだん》の如し。
文永十年十二月七日
沙門　観恵　上《たてまつ》る
依智六郎左衛門尉殿等云々

【原文】「富木殿御書」　文永十一年五月　五十三歳
いまださだまらずといえども、大旨《たいし》はこの山中、心中《しんちゅう》に叶ひて候へば、しばらくは候はんずらむ。結句《けっく》は一人に成て日本国に流浪《るろう》すべき身にて候。

五十一　人軽法重《にんきょうほうじゅう》

仏教において、法と仏の勝劣浅深の議論は難しい問題である。その点、法華経の説くところは明快である。薬王菩薩本事品第二十三には、

　また人あって、七宝をもって三千世界に満ちるほどに、仏及び大菩薩など聖人に供養する。この人の得るところの功徳は大なりといえども、経文の一文一句を受持するその功徳の大きさには及ばない。

と説かれている。

天台大師はこの経文を注釈して、法華文句の第十に、「法はこれ聖の師なり。聖は法によって生まれ、法によって育まれ、法によって功成り、法によって繁栄する。すべては法に過ぎたるはない。故に人《にん》は軽く、法は重い」と説いた。そして妙楽大師はこの天台大師の文を受けて、更に法華文句記の十において「法を以って本となす」と注釈している。

これを解釈するならば、「人《にん》軽し」とは仏を人といい、「法重し」とは法華経を指している。妙楽大師の注釈においては、まさしく法をすべての仏の源と記している。法華経が人《にん》（仏）

と法の関係についての示すところは明快である。

その上で法華経と他経とを比較すると、法華経以外の諸経並びに諸論の教えは、仏の功徳を賛嘆する経論である。いわば仏への信仰を説くものだ。対して、この法華経の説くところは、経を受持することの功徳を賛嘆するものである。いわば仏の父母である経の功徳を説いている。法華経における信仰の根本は、すべて法にその源を発すると言うことができる。（「宝軽法重御書」）

【原文】「宝軽法重御書」　建治二年五月　五十五歳

妙法蓮華経第七に云はく、若し復《また》人有って七宝を以て三千大千世界に満てて、仏及び大菩薩・辟支仏《びゃくしぶつ》・阿羅漢に供養せん。是の人の所得の功徳も此の法華経の乃至一四句偈を受持する其の福の最も多きには如《し》かず」云々。文句の第十に「……法は是聖の師なり、能生・能養・能成・能栄法に過ぎたるは莫《な》し。故に人は軽く、法は重し」云々。記の十に云はく「法を以て本と為す」云々。

人軽しと申すは仏を人と申す。法重しと申すは法華経なり。夫《それ》法華已前の諸経並びに諸論は仏の功徳をほめて候、仏のごとし。此の法華経は経の功徳をほめたり、仏の父母のごとし。

五十二　如是我聞

法華経も含めて釈迦の説いた教えをまとめたものをお経とか、経典とか言う。この経の字は、織物の縦糸に由来している。織物において縦糸は主たる糸であり、かつ一本の糸で貫かれている。ここから始終一貫する教えという意味で経が使用されている。

その経典は、釈迦が教えを説いて即座に文字になっていったわけではない。形あるものに執着すべきでないという仏教の教えから、当初は文字にしなかった。文字にしないので必然的に口伝えになる。経典は約五百年の間、口伝で伝えられていく。

したがって、経典の冒頭は必ず如是我聞《にょぜがもん》（かくの如く我聞けり）から始まるのである。

私はこのように聞いた。

ここが重要だ。

釈迦が説いたことをそのまま文字として残したのではなく、「私はこのように聞いた」。

これが仏教経典の特色の一つと思う。

いわば師と弟子の共同作業、釈迦が説いたことをこのように聞いた。聞いたことの方が重要なのである。そういう意味で経典は、師と弟子との合作ということになる。これを師弟一箇《していっか》という。この場合、説く人と聞く人、この二人の法門に対する理解度というものが全く同じレベルであることが重要だ。法華経方便品第二には、

仏の成就したまえる所は第一希有にして難解の法である。ただ仏と仏とのみ、諸法の実相をすなわち能く究め盡したものである

と説かれるごとくである。

法華経は釈迦入滅後五百年後の文章化であるがゆえに、厳密には釈迦の直説ではない。それでは今日伝わっている法華経は、釈迦の教えを伝えていないのであろうかといえば、まさしく釈迦の精神を伝えるものであろうと思われるのである。法華経に貫かれている一乗平等思想は、釈迦の教えでないわけがないと思う。（「法華経序品第一」）

【原文】「法華経序品第一」

如是我聞。一時仏住王舎城耆闍崛山中（是の如《かく》く我《ごと》聞《われ》きき。一時《いちじ》、仏《ほとけ》、王舎城耆闍崛山《おうしゃじょうぎしゃっくせん》の中《なか》に住《じゅう》したもう。）

五十三　宗旨と宗教

南無妙法蓮華経の信仰とは、一体如何なる信仰なのか。
南無妙法蓮華経は、南無・妙法・蓮華・経の四の単語から成っている。
南無は帰依、妙法は不思議な法、蓮華は比喩、経は教えということになる。
これを言葉通りに解釈すれば、
蓮華に譬えられる不思議な法の教えに帰依するということになる。
この内、最も重要な意味を持つものは法ということができる。
つまり、法華経は簡単に言えば、法の教えを説く経典ということになる。

さすれば、法とは如何《いか》なるものなのか。
方便品には、その法とは何かが説かれている。
言葉で言えば、諸法実相と称されるものである。
続けて方便品では、諸法実相の説明がなされている。

仏の成就したまえる所は、第一希有にして難解の法である。唯、仏と仏とのみが、すなわち能く諸法の実相を究め尽したまえり。いわゆる諸法のありのままの相《そう》、ありのままの性《しょう》、ありのままの体《たい》、ありのままの力《りき》、ありのままの作《さ》、ありのままの因《いん》、ありのままの縁《えん》、ありのままの果《か》、ありのままの報《ほう》、ありのままの本末究竟《ほんまつくきょう》等なり。

と説かれるものであり、十如是と言われている。この十如是の内、最も意味を持っているものは、因・縁・果・報の四如是である。この四如是がすべての存在の有り様を説くものであるということができる。

天台大師は法華経を五方面から分析した。いわゆる五重玄義と称される手法である。五重玄義とは、名・体・宗・用・教の五重。玄義とは奥義あるいは深義と同義である。五重の内、名とは名前。体とは本質。宗とは因果。用とは因果の働き。教とは文字や言葉による説明である。法華経を名体宗用教で説明すると、名は妙法蓮華経、体は諸法実相、宗は蓮華に譬えられる因縁果報、用は因縁果報による功徳、教は法華経の文字や言葉による説明ということになる。

五重玄義は建築物に譬えて説明される。名とは建物の名前、体とは建築での目的である空間。その空間を得るための柱・桁《けた》・壁をどのように配置するかの設計図と工事が宗である。

その工事によって得られる建物の利用の方法が用。建物の利用価値の説明が教である。ここから言えることは、五重玄義の内、最も重要なのは宗玄義であるということだ。

宗は蓮華に譬えられる因縁果報であるが、簡略に蓮華因果と称される。

なぜ蓮華なのか。

蓮華は普通の植物と異なり花と実が同時である。花は因を意味し、実は果を意味している。即ち、先に花が咲き、後に実が成るというのが一般的だが、蓮華は花と実が同時であるということが、真理を象徴的に表していると考えられるのである。因果は別々にあるのではなく、別々に見えたとしても、実は同時なのだということである。法華経では因果倶時《いんがぐじ》という。この因果倶時という考え方が法華経の最も重要な教えなのである。

五重玄義の中で宗が特に重要視されるところから、宗から宗旨と宗教という言葉が生まれた。今では宗教という言葉は仏教とかキリスト教とかイスラム教に代表される割と広義で考えられている。一方、宗旨というと、あなたの宗旨は何ですかと言えば、私はキリスト教という人はあまりいない。宗旨はなんですかと聞かれたら法華宗ですとか、あるいは浄土宗ですとか禅宗とか仏教の中の話になる。宗教はと聞かれたら仏教とかキリスト教とか大きな枠になる。

けれども天台大師の中では違う意味で説かれている。

宗旨とは悟りや真理そのものを指し、そこから衆生が理解し易いように、種々の言葉や文字あるいは便法としての譬えによって、分かり易く説明されるところを宗教としたのである。樹木に譬えると、土の中に隠れた根の部分が宗旨、地上にあって幹や枝葉の部分が宗教、どちらも重要であるが、宗教は宗旨によって成り立っている。

土の中に隠れ、目には見えずとも、根が最も重要なのと同様、法門も宗旨の部分が最も重要である。(「法華経方便品第二」)


【原文】「妙法蓮華経方便品第二」

仏《ほとけ》の成就《じょうじゅ》したまえる所《ところ》は、第一希有《だいいちけう》、難解《なんげ》の法《ほう》なり。唯《ただ》、仏《ほとけ》と仏《ほとけ》とのみ、乃《いま》し能《よ》く諸法《しょほう》の実相《じっそう》を究尽《くじん》したまえり。

所謂諸法《いわゆるしょほう》の如是相《にょぜそう》、如是性《にょぜしょう》、如是体《にょぜたい》、如是力《にょぜりき》、如是作《にょぜさ》、如是因《にょぜいん》、如是縁《にょぜえん》、如是果《にょぜか》、如是《にょぜ》報《ほう》、如是本末究竟等《にょぜほんまつくきょうとう》なり。

五十四【昭和定本版と昭和新定版の記載の違い】①
「観心本尊抄」 本門釈尊為脇士はどう読むか

此時地涌千界出現、本門釈尊為脇士、一閻浮提第一本尊、可立此国。

これは「観心本尊抄」の一文である。真筆が千葉中山法華経寺に保管され、国指定の文化財になっていて、日蓮の著の中でも教義的に最重要とされ、全文が漢文であり、一般の人にとっても専門家にとってもかなり難解な遺文である。

さて、この文はどのように読むのか。現在この文について、二つの読み方がある。

此時、地涌千界出現シテ、本門ノ釈尊ノ脇士ト為リテ、一閻浮提第一ノ本尊、此国ニ立ツ可シ。(『昭和定本』昭和二十七年刊、七二〇頁)

この読み方では、本門釈尊が主・本、地涌の菩薩は従・脇という位置付けである。一方、もう一つの読み方も存在する。

此の時地涌千界出現して、本門の釈尊を脇士と為《な》す。一閻浮提第一の本尊、此の国に立つべし。（『昭和新定』昭和四十三年刊、六六一頁）

という読み方である。この読み方では地涌の菩薩が主・本、本門釈尊は従・脇となる。

従来、日蓮門下で論争となっている「観心本尊抄」の上行菩薩を筆頭とする地涌の菩薩と本門の釈尊との関係に関わる箇所である。で、正解は、

此の時、地涌千界出現して、本門の釈尊を脇士と為《な》す。一閻浮提第一の本尊、此の国に立つべし。

と読む方が正解だ。ここで日蓮は上行菩薩など地涌の菩薩と本門釈尊の関係は、今日末法においては、地涌の菩薩が主、本門釈尊は従であるべきと説いている。そしてそのような本尊が、これまで存在しておらず、末法の今、この国に必要だと説いているのである。

では、なぜ地涌の菩薩が主、本門釈尊は従であるべきという読みが正解なのか。はたまたなぜ本門釈尊が主、地涌の菩薩は従という読みができないのか。答えは簡単。「此時地涌千界出現本門釈尊為脇士」の文は、そうしか読めないからである。この漢文を正式に・正確に忠実に読めば、地涌の菩薩が主、本門釈尊は従としか読めないのだ。問題は「為」の位置である。もし、本門釈尊が主、地涌の菩薩が従という理解ができるような読みになるように漢文を作るとすると、文章は、「此時地涌千界出現、本門釈尊為㆑脇士」ではなく、「此時地涌千界

出現、為本門釈尊脇士」となる。本門釈尊の前に「為」がこなければ本門釈尊が主、地涌の菩薩従とはならないのである。本門釈尊の後に「為」があるということは、とりもなおさず本門釈尊は地涌千界の脇士になるということなのである。漢文とはそういうものである。

この読み方の問題の意味するところが重要なのは、日蓮にとって釈尊と地涌の菩薩とは、どちらに重きがあるかという問題と直接つながっているからである。そしてそのことはまた、主たる堂塔において、釈尊像と曼陀羅のどちらを本尊とするかという問題とつながっている。日蓮所顕の曼陀羅は地涌の菩薩が主、本門釈尊が従であるという本尊を表現した本尊、日蓮の言葉でいうと、一閻浮提第一の本尊である。ここのところを図示すると、

本門釈尊為脇士＝地涌菩薩主・本門釈尊従＝釈尊は脇士＝曼陀羅本尊

為本門釈尊脇士＝本門釈尊主・地涌菩薩脇士＝釈尊が主＝釈尊像本尊

となる。釈尊を地涌の菩薩の脇士とするか、地涌の菩薩が釈尊の脇士となるかでは、宗教として天地ほどの差がある。

日蓮の思想が菩薩を主にした教えととらえるか、あるいは釈尊を主にした教えととらえるかによっては、日蓮の思想への理解が百八十度変わってくる。日蓮の立教開宗は単なる天台法華宗の改革なのか、それとも末法という、仏教にとって新しい時代に即応した新しい法華宗なのかという問題も孕《はら》んでいる。その上で、再度、

此時地涌千界出現本門釈尊為脇士。一閻浮提第一本尊可立此国

の文をどう読むべきか。結論は明白だ。漢文の正式で正確な読み方を採用すべきである。

此の時、地涌千界出現して、本門の釈尊を脇士と為《な》す。一閻浮提第一の本尊、此の国に立つべし。

と読むべきである。日蓮の思想は、日蓮の真筆が現存している以上、漢文として正確に読むべきである。日蓮の思想を後世の人が自己の思惑に沿わして読むべきではないし、解釈もすべきではない。（「如来滅後五五百歳始観心本尊抄」）

【原文】「如来滅後五五百歳始観心本尊抄」　文永十年四月　五十二歳

此時地涌千界出現、本門釈尊為脇士、一閻浮提第一本尊、可立此国。

＊注①　昭和定本版は昭和二十七年刊、立正大学宗学研究所編、総本山身延山久遠寺発行。昭和新定版は昭和四十三年刊、日蓮大聖人御書編纂会編、日蓮正宗富士学林発行

＊注②　地涌の菩薩……法華経従地涌出品第十五に登場する、釈迦より滅後末法の弘教を付属された上行菩薩・無辺行菩薩・浄行菩薩・安立行菩薩等の四菩薩を代表とする菩薩達。

五十五【昭和定本版と昭和新定版の記載の違い】②
「報恩抄」における釈迦と地涌の菩薩の関係

前項の「観心本尊抄」の釈迦と地涌の菩薩との関係と同様、「報恩抄」においても重要な文のところで、同じく二通りの記載の違いがある。所謂三箇の秘法を説く中で、本門の本尊を説明する箇所においてである。

(1)【原文】『昭和定本』（昭和二十八年刊）三箇の秘法を説く箇所

一つには日本乃至一閻浮提一同に本門の教主釈尊を本尊とすべし。所謂宝塔の内の釈迦・多宝、外の諸仏並に上行等の四菩薩脇士となるべし。

(2)【原文】『昭和新定』（昭和四十三年刊）、同箇所

一つには日本乃至一閻浮提一同に本門の教主釈尊を本尊とすべし。所謂宝塔の内の釈迦・多宝、外の諸仏並びに上行等の四菩薩の脇士となるべし。

この文の内、特に線を引いた箇所に関して、

(1)宝塔の内の釈迦・多宝、外の諸仏並に上行等の四菩薩脇士となるべし。（昭和定本）

(2)宝塔の内の釈迦・多宝、外の諸仏並びに上行等の四菩薩の脇士となるべし。(昭和新定)

となる。「観心本尊抄」同様、ここでも上行菩薩等の四菩薩が釈迦を脇士とするか、はたまた釈迦の脇士なのかという問題である。昭和定本では、釈迦が主となり、上行菩薩等はその脇士となるということである。対して、昭和新定では、逆に上行菩薩等が主となり、釈迦が脇士となるということである。

なぜ、こういう相違が生ずるのかといえば、日蓮の真筆が現存しないからである。報恩抄に関しては、かつて身延山に保管されていたが、明治八年(一八七五)の火災で真筆が焼却してしまい、古写本に拠るがゆえに生じた問題である。

身延山に伝わる写本は昭和定本に採用されており、釈迦が上行菩薩などを脇士とするとしているのに対し、日興門流に伝わる写本では逆の上行菩薩等が主、釈迦は脇士となっており、昭和新定は基本的にそれを採用している。

身延山に伝わる真筆を写したとする写本は日乾本と称されるもので、日乾(一五六〇~一六三五)は京都本満寺山主より身延山久遠寺第二十一世となり、身延山蔵の真筆を写したと記している。日乾の身延山山主は慶長七年(一六〇二)なので、書写年時はおそらく身延山山主時と推測される。

一方、日興門流に伝わる写本は、日舜本と称されるもので、康安二年（一三六二）駿河国富士上野下御房にて書写すと記されている。康安二年は日蓮滅後八十年である。日乾本よりは二百数十年前の古写本ということになる。

さて、日乾本の説と日舜本の説とどちらが妥当かを三点から考えてみたい。

①日乾本の信頼性

日乾本は日舜本より二百数十年後の写本であるものの、日蓮真筆を書写したと記されているので、身延曽存本が真筆で間違いなければ真筆書写として有力である。内容的には釈迦主・上行菩薩等地涌の菩薩脇士である。ただ真筆そのものが存在しないので、確認ができない。

②日舜本の信頼性

日舜本は日蓮滅後八十年の書写であるので、それなりに有力である。ただし、日舜本には、

　宝塔の内の釈迦・多宝、外の諸仏並びに上行等の脇士となるべし。

とあって、〈四菩薩の〉の四文字はない。内容的には上行菩薩等地涌の菩薩主、釈迦脇士が明瞭である。

③観心本尊抄との整合性

前項で述べた如く、観心本尊抄では上行菩薩等の地涌菩薩が主、釈迦脇士が妥当であると考えられるので、内容から鑑みて上行菩薩等主・釈迦脇士を示す日舜本は、観心本尊抄と矛盾がない。

以上のことから、報恩抄における釈迦と上行菩薩等地涌の菩薩との関係に関する冒頭の文章に関しては、『昭和新定』の記載の方が有力であると考えられる。

その場合、冒頭の文の現代語訳は、周辺の文も含めて以下のようになる。

問う。天台・伝教の弘通していない正法あるや。

答、あり。

(問う) ならば、その具体的形貌とは如何。

答、一つには日本乃至一閻浮提一同に本門の教主釈尊を本尊とすべし。所謂、宝塔の内の釈迦・多宝、その外の諸仏はすべて上行等の脇士となるべし。

二つには本門の戒壇。

三つには日本・漢土・月氏一閻浮提に、人ごとに有智無智にかかわらず、一同に他事を捨てて南無妙法蓮華経と唱えるべし。このこと未だ広まらず。一閻浮提の内に仏滅後二千二百二十五年が間、一人も唱えず。日蓮一人、声も惜しまず唱えるなり。日蓮の慈悲が広大であるならば、南無妙法蓮華経は万年の外未来までも流れるであろう。（「報恩抄」）

【原文】「報恩抄」　建治二年　五十五歳

問うて云はく、天台伝教の弘通し給はざる正法ありや。答ふ、有り。……求めて云はく、其の形貌《ぎょうみょう》如何《いかん》。

答へて云はく、一つには日本乃至一閻浮提《えんぶだい》一同に本門の教主釈尊を本尊とすべし。所謂《いわゆる》宝塔の内の釈迦・多宝、外の諸仏並びに上行等の四菩薩ノ脇士となるべし。二つには本門の戒壇。三つには日本乃至漢土月氏一閻浮提に人ごとに有智無智をきらはず、一同に他事をすてて南無妙法蓮華経と唱ふべし。此の事いまだひろまらず。一閻浮提の内に仏滅後二千二百二十五年が間一人も唱えず。日蓮一人……声も惜しまず唱ふるなり。日蓮が慈悲広大《こうだい》ならば、南無妙法蓮華経は万年の外《ほか》未来までも流るべし。

五十六　法華経の本尊としての十界曼陀羅

日蓮が末法における本尊として書写した十界曼陀羅本尊は、前項「如来滅後五五百歳始観心本尊抄」にて詳述した「此の時地涌千界出現して、本門の釈尊を脇士と為す一閻浮提第一の本尊」を具現化したものであり、末法における法華経の本尊の具現化である。

法華経の本尊としての本尊そのものは従来にもあった。日蓮の十界曼陀羅は従来の法華経の本尊様式と比較すると、その相貌は独特である。従来の法華経の本尊といえば、法華経宝塔品第十一における宝塔中の釈迦・多宝二仏並座を中心にした絵像・木像・金像の曼陀羅であり、中でも鑑真による東大寺戒壇院に安置される釈迦・多宝二仏並座の本尊が象徴的であるが、それらの本尊に比して、日蓮は文字曼陀羅である。

そして最大の相違点は、中央に南無妙法蓮華経と大書された題目と、地涌の菩薩所謂《いわゆる》上行・浄行・無辺行・安立行菩薩の登場であり、日蓮書写曼陀羅と他との決定的な相違点である。

特に、この上行菩薩に代表される地涌の菩薩の本尊への登場は、法華経の本門における最も重要な場面の一つである、法華経従地涌出品第十五に拠っている。この品で、釈迦の説法を聴聞していた弥勒菩薩は、釈迦滅後においては自分達に弘教を任せて欲しい旨を釈迦に申し出る。ここで発した釈迦の言葉が「止善男子（止みね、善男子）」である。弥勒菩薩に対して滅後の弘教を付属することを許さなかった。そうして地涌の菩薩達を登場させ、この地涌の菩薩に滅後末法の弘教を付属する。

日蓮の十界曼陀羅は、この地涌の菩薩が滅後の弘教を付属される場面を曼陀羅に図したものであり、そしてこのことは滅後における釈迦・多宝の二仏と上行菩薩等の四菩薩の主役が入れ替わったことを示している。

この四菩薩は釈迦の初発心の弟子であり、菩提樹下における釈迦成道後の転法輪にも、入滅時の沙羅双樹にも来たらず、いわば不孝の弟子と言ってよい。しかし、釈迦は弥勒菩薩等ではなく、この不孝の菩薩に付属したのである。なぜ釈迦はこのような菩薩に付属したのか。

それはこの地涌の菩薩達と釈迦はともに修行時代を同じくした関係に求められる。地涌の菩薩達は釈迦の修行時代を知っているということである。地涌の菩薩達と弥勒菩薩達とはそこに大きな違いがある。地涌の菩薩達と釈迦の関係と、弥勒菩薩達と釈迦との関係は異なるということである。どういうことか。地涌の菩薩達と釈迦の関係も、弥勒菩薩達と釈迦との関係もともに師弟の関係ではある。

しかし地涌の菩薩達と釈迦の関係は師弟ではあっても、絶対的な師弟関係ではない。言わば、先達という位置である。対して弥勒菩薩達と釈迦との関係は絶対的な師弟関係と言ってよい。完全な上下関係と言ってよい。ここのところが地涌の菩薩達と弥勒菩薩達との根本的な差になる。

釈迦は滅後においては、同じ弟子ではあっても、弥勒菩薩に代表される上下関係の弟子ではなく、釈迦を先達と考える上行菩薩に代表される地涌の菩薩に法の弘教を付属したということである。なぜ釈迦はそうしたのか。それは釈迦の教えといえども時代が下るにしたがって、教えそのものも風化するのであって、滅後には滅後に相応《ふさわ》しい教えが必要と釈迦は考えたのである。もちろん根幹は変わるものではないが、枝葉末節は時代とともに変わっていかなければならない。その上で滅後末法においては、この地涌の菩薩が弘教の主体になり、釈迦・多宝の二仏はその脇士となって地涌の菩薩を支える。そのことを釈迦の地涌の菩薩への付属は意味している。新しい時代には新しい菩薩の登場が必要なのであるということである。

かつて正像二千年の間は、小乗の釈迦は、迦葉・阿難を脇士とし、権大乗並びに涅槃・法華経の迹門等の釈迦は文殊菩薩・普賢菩薩等を以て脇士としたものである。このような類の仏は正法時代・像法時代に造られ画かれたけれども、いまだ本門寿量品の仏ではなかった。末法に来入して、始めて此の本尊は出現すべきと考える。日蓮所顕の十界曼陀羅は、まさしく地涌の菩薩を主にし、釈迦・多宝の二仏が脇士となることを意味した本尊である。(「如来滅後五五百歳始観心本尊抄」）

【原文】「如来滅後五五百歳始観心本尊抄」　文永十年　五十二歳

此の本門の肝心、南無妙法蓮華経の五字に於ては、仏猶《なお》文殊薬王等にも之を付属したまはず、何《いか》に況《いわ》んやその已下《いげ》をや。但地涌千界を召して八品を説いて之を付属したまふ。其の本尊の為体《ていたらく》、本師の裟婆の上に宝塔空《くう》に居《こ》し、塔中《たっちゅう》の妙法蓮華経の左右に釈迦牟尼仏・多宝仏、釈尊の脇士《きょうじ》上行等の四菩薩、文殊・弥勒等は四菩薩の眷属《けんぞく》として末座に居し、迹化《しゃっけ》・他方の大小の諸菩薩は万民の大地に処《しょ》して雲閣月卿《うんかくげっけい》を見るが如く、十方の諸仏は大地の上に処したまふ。迹仏迹土を表する故なり。是くの如き本尊は在世五十余年に之《これ》無し、八年の間、但《ただ》八品に限る。

正像二千年の間は、小乗の釈尊は、迦葉・阿難を脇士と為《な》し、権大乗並びに涅槃・法華経の迹門等の釈尊は文殊・普賢等を以て脇士と為す。此等の仏をば正像に造り画《えが》けども未《いま》だ寿量の仏有《ましま》さず。末法に来入して、始めて此の仏像出現せしむべきか。

……此の時地涌千界出現して、本門の釈尊を脇士と為《な》す一閻浮提第一の本尊、此の国に立つべし。

五十七　不成仏思想

日蓮所顕の十界曼陀羅が、地涌の菩薩主体、釈迦・多宝の二仏は脇士を意味する本尊であることを前項にて述べたが、そのことはまた次のことを意味している。すなわち滅後末法においては、私達衆生の信仰修行が目指すところは、釈迦に代表される仏ではなく、地涌の菩薩に代表される菩薩であるということである。

仏と菩薩の違いは、煩悩を滅盡したか、未だ完全には煩悩を滅盡し切っていない、一部煩悩を有する存在、すなわち範疇でいえば衆生に入るということである。言い換えれば、仏が完成された存在であるとすると、菩薩は未完成の存在ということになり、さらに言えば、末法の衆生がこの未完成な存在の菩薩を目指すということは、煩悩の有る無しは成仏の妨げにならないということである。

地涌の菩薩を中心とする考え方には、ひとつの重要な点がある。それは地涌の菩薩が中心となるということは、釈迦仏にかわる新しい絶対者の誕生になっては意味がないという点である。もし、地涌の菩薩が釈迦仏のような新しい絶対者なら、ただ単に地涌の菩薩が釈迦仏にとって代わったというだけで、本質的には何も変わっていないということになるからである。地涌の菩薩中心主義のもっとも大切な点は、釈迦仏中心の場合と異なり、地涌の菩薩が中心ではあっても、釈迦のような絶対的な存在ではないということである。これがまた、菩薩思想の持つ特性であるといって良い。

地涌の菩薩は、釈迦仏とは異なり、完成された人間でない。未完成で不完全な人間である。しかし、ただ単に不完全で未完成というわけではない。不完全ながら完全に近い、すなわち未完成の完成の実践者である。未完成の完成とはいっても、未完成には違わないのであるから、その未完成の人間が中心になるにあたって、自己を絶対化できるわけがないのである。したがって、地涌の菩薩は中心者ではあっても、絶対者ではない。「観心本尊抄」の、「地涌千界出現して本門の釈尊を脇士となす。」の文はここのところを表している。そして地涌の菩薩が中心ではあっても、実際の曼荼羅本尊に地涌の菩薩が中心になっていないのは、このことがあるからである。

釈迦仏と地涌の菩薩は、同じく中心者ではあっても、そのスタイルがまったく逆なのである。したがって、地涌の菩薩中心主義の教えを理解する場合には、このことを十分に注意しないと、誤解してしまう恐れがある。

こういうことから日蓮の曼荼羅本尊においては、地涌の菩薩主体でありながら、なおかつ地涌の菩薩絶対ではなく、法絶対になっているのである。

ところで、釈迦仏を理想とするのではなく、地涌の菩薩を理想とするということは、何を意味するのか。即ち、私達は信仰し修行することによって一体何になるのかということである。成仏することが目標か。そうではない。

ではなにか。それは、一言で言えば成菩薩の思想であるということである。成菩薩とは、菩薩になるということである。これは成仏・不成仏ということで言うならば、厳密には不成仏の思想である。これだけでは、何が何だかわけがわからないと思うので、更に説明すれば、成仏の思想とは、完全無欠を目標とする思想であるが、成菩薩の思想とは、完全無欠を目標とはしないということである。

菩薩は「上に菩提を求め、下に衆生を化す」といって、すでに修行が終了した仏と違い、自己自身は更に修行を重ね、一方で他に対しても法を説いて教化する人物をいう。この菩薩、厳密に言えば仏から自立した菩薩である地涌の菩薩を目指すのが日蓮の思想である。

私達は、自分自身というものを冷静に振り返ってみると、どう考えても完全無欠になり切るということはないだろう。そこで、完全無欠を求めれば無理が来る。成菩薩の思想とは、無理やり完全無欠を求めないということである。では、何を目指すのか。それは、未完成の完成を目指すのである。不完全な人間なら、不完全なりに精一杯のところを目指して、ひたむきに生きる。これが未完成の完成の意味である。この未完成の完成という言葉に最も相応《ふさわ》しい人物、それが上行菩薩に代表される地涌の菩薩である。

そこで、成仏の思想と成菩薩の思想を比較して、図示すると次のようになる。

〔本尊〕	〔成仏観〕	〔修行観〕	〔目指すもの〕
釈迦本尊	成仏	本果思想	完成
法（菩薩）本尊	不成仏（成菩薩）	本因思想	未完成の完成

では、この成菩薩思想とは具体的にどのような修行になるのかというと、成菩薩の思想における修行は、結果論ではなく、過程重視の考え方である。これを本因本果二妙に当てると、成菩薩思想は本因妙思想である。本因妙とは、修行の途中ということで、本果妙とは、修行が成就して仏と成った状態、つまり成仏ということになる。

したがって、本果妙思想とは、本果イコール結果という意味であるから、この言葉から連想されるように、結果を重要視する考え方である。これに対して、本因妙とは本果妙の反対の意味であり、過程を大事にする考え方である。この二つの考え方のうち、どちらに重点を置くかで、すべてのことが自ずと異なってくる。

私達はどうしても表面の結果というものにこだわってしまうものだ。これは、ある面致し方のないことと言うことができるかもしれない。しかし、それだけに固執すると、自分の人生までだめにしてしまいかねないことがある。そうではない。結果より過程が大事と思うことが大切なのだ。過程が大事ということは、つまり今この一瞬一瞬が大切なのだということである。結果がどうのこうのではなく、如何《いか》に過程を大切にできるか、それが勝負である。成菩薩思想の意味するところは、まさに過程を重要視することである。

私達の信仰の目的は成仏である。ただし、それは釈迦の仏教における仏を意味するのではない。釈迦の仏教でいうならば、成菩薩というべきもの、実はそれを成仏と称しているのである。そういう意味からすると、日蓮は仏の概念を変えたということになる。従来、仏とは神聖にして不可侵であり、まさにすべての煩悩を断尽した完全無欠の存在と考えられていた。しかし、現実にそんな人間などいないし、仮にそんな人間が存在していたとして、私達とは世界が違うということになる。

日蓮の成菩薩思想は、仏を遠い存在ではなく、だれもが実現可能なものとして考えられたものである。未完成の完成を目指す、それが私達の修行である。そして、この修行にはこれで良いということがない。毎日毎日、一瞬一瞬が修行なのである。（「諸法実相抄」）

【原文】「諸法実相抄」　文永十年五月

さてこそ諸法と十界を挙げて実相とは説かれて候へ。実相と云ふは妙法蓮華経の異名なり。諸法は妙法蓮華経と云ふ事なり。地獄は地獄のすがたを見せたるが実の相なり、餓鬼と変ぜば、地獄の実の姿には非ず。仏は仏のすがた、凡夫は凡夫のすがた、万法の当体のすがたが妙法蓮華経の当体なりと云ふ事を諸法実相とは申すなり。

注①　本因本果……本因とは仏が仏果を得る過程の修行時代を言い、本果とは修行時代を経て成就した仏果を言う。

五十八　当位即妙本有不改《とういそくみょうほんぬふかい》

日蓮が説くところの成仏が実は所謂《いわゆる》通常の成仏と異なり、従来の釈迦如来に象徴される成仏と比すれば、いわば不成仏思想であると前項にて明らかにした。

その不成仏思想の成仏を別な言葉に置き換えると、未完成の完成であるとも述べた。実は不成仏思想は、当然のことながら仏教本来の言葉でいうことも可能だ。すなわち即身成仏と同義である。即身成仏とは、衆生が凡身のまま成仏することをいう。

この即身成仏の思想は、法華経以前の経典では説かれなかった思想である。では、法華経以前の経典ではどう説かれていたのか。歴劫修行の後、成仏が達成されると説かれていた。歴劫修行《りゃくこうしゅぎょう》とは、長期にわたって生死輪廻《しょうじりんね》を繰り返したあげくにしか成仏できないという思想である。対して、即身成仏は現世において、しかも凡身にて成仏することである。

法華経提婆達多品第十二においては、女性の象徴であり、代表としての竜女が歴劫修行の末に成仏するとは説かれていないばかりでなく、逆に即身成仏が説かれている。この提婆達多品は悪人の象徴である提婆達多の成仏と、女性の象徴である竜女の成仏、かつ歴劫修行ではなく、即身成仏が説かれる三つの点で、法華経においても特別な品である。

一方で真言宗でも即身成仏は最重要思想であり、空海はすべての経典を比較して、真言経典第一、華厳経典第二、法華経第三と定め、その理由として即身成仏思想が真言のみに説かれる思想であることを強調した。そしてその根拠として竜樹菩薩著「菩提心論」の「唯真言法中即身成仏」を挙げた。

しかし、即身成仏の思想はもともと法華経の提婆達多品に説かれる竜女の即身成仏が始まりであって、真言が始まりではない。

真言宗の根拠になっている菩提心論は大乗仏教の父と称される竜樹菩薩の著・不空三蔵訳と伝わっているが、内容的に竜樹菩薩の作とは認められない。仏教が中国に伝わってからの真言師による偽作の疑いが濃厚であるものだ。訳僧である不空三蔵が、自身の偽作を隠蔽《いんぺい》するために竜樹の名を利用した可能性もある。空海はこの不空三蔵の説の上に立脚して、即身成仏を真言宗のみの独特の教義としたが、これは誤りであり、法華経の即身成仏義を真言師が盗作した結果によるものである。

他方、比叡山に天台法華宗を開いた伝教大師最澄は、「法華秀句」において即身成仏を論じ

て、「即身成仏化導勝」に、

　能化である竜女も歴劫修行の行をすることなく、また所化の衆生もまた歴劫修行することなし。能化竜女・所化衆生ともに歴劫修行なく、妙法蓮華経の功力によって即身成仏す等云云。

と、提婆達多品の竜女と衆生の成仏の事実が即身成仏の根拠であると説いている。日蓮の即身成仏の思想は、この伝教大師の即身成仏思想を受け継ぎ、更に進化させたものである。

　さて、即身成仏の即身とは、自分自身が人間離れした特別な存在になって成仏するのではなく、現在の姿のままという意味で、いわば自分自身の等身大の姿で成仏することを説くものである。ここのところを天台宗第六祖妙楽大師湛然《たんねん》は「法華玄義釈籤《しゃくせん》」において、「当位《とうい》即妙本有《そくみょうほんぬ》不《ふ》改《かい》」と説いた。今の自分のありのままの姿の中に真の成仏はあるという意味である。

　かつて、未だ出家していない若い釈迦が城の外に出て散策したとき、ふと座って座禅のようなものを組み、瞑想した時があった。図らずも深く自分を見つめ直したそのとき、そこに釈迦がそれまで感じたことのない、心の喜び所謂安心《いわゆるあんじん》を感ずることができたことがあり、それが後の釈迦の出家につながったことは有名な逸話である。

このときの釈迦は未だ修行に入る前の全くの凡身である。成道にはほど遠い境地であったと考えられるが、にもかかわらず、短時間ではあったもののそれまで経験したことのない、なんとも言えない安心感を味わうことができた。それで良いのではないか。この時の釈迦と同じように、つくろわず、ありのままの自分を感じながら、そこになんともいえない安心を得ることができたとき、そこに私達の即身成仏の姿の一端が見えるようだ。即身成仏は遠い所ではなく、身近な所に存するのではなかろうかと日蓮は思う。（「妙一女御返事」）

【原文】「妙一女御返事」　弘安三年　五十九歳

されば世間の人々は菩提心論の唯真言法中の文に落とされて、即身成仏は真言宗に限ると思へり。之に依って正しく即身成仏を説き給ひたる法華経をば戯論《けろん》等云云。……夫《それ》先づ法華経の即身成仏の法門は竜女を証拠とすべし。……伝教大師云はく「能化の竜女も歴劫《りゃくこう》の行無く、所化の衆生も亦歴劫無し。能化所化倶《とも》に歴劫無し。妙法経力即身成仏す」等云云。

又法華経の即身成仏に二種あり。迹門は理具の即身成仏、本門は事の即身成仏なり。今本門の即身成仏は当位即妙《とういそくみょう》、本有不改《ほんぬふかい》と断ずるなれば、肉身を其のまま本有無作の三身如来と云へる是なり。此の法門は一代諸教の中に之無し。

注①　当位即妙本有不改……当位即妙不改本位ともいう。衆生のありのままの姿のまま成仏するという意味。

注②　菩提心論……大乗仏教の大論師・竜樹菩薩の著、不空三蔵訳とされる真言宗最重要書の一つ。真言宗に説く即身成仏を論じ、即身成仏は真言の独創であり、真言以外には説かれないとした書。竜樹の書とされるが、日蓮は撰時抄において、この書が内容的に竜樹の書でなく、真言宗の不空三蔵が竜樹の名を冠して偽作したのではないかと批判している。

注③　竜女……法華経提婆達多品第十二に説かれる女人成仏の象徴。竜王の娘、竜宮に住す。智恵利根にして、文殊師利菩薩の妙法の説法を聞いて、即座に菩提心を発し、成仏の相を示して、衆生を教化したことが説かれている。

注④　能化・所化……能化とは教えを説く師、所化とは教えを聴聞する弟子。竜女が衆生に対して妙法を演説して衆生を成仏に導くとき、竜女は能化、聴聞して成仏する衆生は所化ということになる。

注⑤　理具・事具……理具とは理論上。事具とは実際。理具の即身成仏とは理論的には成仏が可能であるという意味。事具の即身成仏とは成仏が具体的に可能であるという意味。

注⑥　妙楽大師湛然……中国天台宗第六祖にして中興。主な著書に金錍論がある。伝教大師最澄の中国留学中の師である道邃《どうずい》は、妙楽大師の弟子。

講話集

五十九　【講話】釈迦如来と仏教の本質

本来の「天上天下唯我独尊」の意味

仏教は、言うまでもなく釈迦如来（以後人物名は尊称を略）が教祖ですが、この釈迦は、今から約二千五百年ほど前になりますが、インドと言いましても、厳密に言いますと、今日ではネパールが有力ですが、そこの釈迦族という一族の王子として生まれました。

この釈迦というのは、本名ではありません。釈迦というのは一族の名前です。ですから、釈迦族の聖人ということで釈尊という言い方をする場合もあります。したがいまして、釈迦といいますと、一般に本名の如くに言われていますが、そうではなくして、国、一族の名前です。この当時は、一族単位で国を作っていましたので、釈迦国、釈迦族という国の、一族の名前ということになります。

本名は、姓がゴータマ、名をシッダルタといいます。父はシュッドーダナ（浄飯王《じょうぼんおう》）、母がマーヤー（摩耶夫人《まやぶにん》）で、お母さんは、生後七日目に亡くなりまして、実質上のお母さんは、生母の妹にあたるマカハジャハダイという人です。

その釈迦は生まれたときに、七歩歩いて、こういうふうに言ったと伝えられています。

「天上天下唯我独尊《てんじょうてんげゆいがどくそん》」

こういうことは現実に有り得ないことで、所謂《いわゆる》伝説です。この言葉は、現代では唯我独尊と言うと、独善的な意味に使われ、唯我独尊の人というと、決して褒め言葉にはなりません。ですが、本来の唯我独尊というのは、ただ我のみ一人尊いという意味で、この世の中で天の上にも、天の下にも、唯一自分だけが、最も尊いのである、という意味です。

これは、独善的な意味ではなく、この世の中で、人間、自分以外に尊いものはないのである、自分が一番大切なのだと、それ以外に尊いものはないということです。現在では、批判的な悪い意味に使われているのですが、本来の意味は、そうではなく、自分が一番大切だという意味です。しかし、実際に生後まもなくの赤ちゃんが言うはずはないので、これは、後から付け加えられたということです。

仏足石と仏像信仰

このほか、釈迦には種々の伝説が伝わっていますが、その中で、仏足石《ぶっそくせき》というのがあります。実際に、釈迦の足跡というのが残っていまして、日本でも有名な古い寺に行きますと、仏足石というのがあるのですが、その足跡というのは、だいたい四十四センチです。しかし、これも実際はこんなにあるはずはありません。釈迦は、偉大であるということから、事実より誇張された人物像になっていくということです。

仏教には、基本精神というのがありまして、その基本に沿って、後から釈迦の人物像も変わっていきます。その基本精神とは何かといいますと、諸法無我、この世に絶対的創造神は存在しない、別な言葉で言うと、

「偶像を崇拝しない」

ということです。

ただし、現実の日本の仏教界では、逆になっていまして、どこのお寺に行っても仏像がありますす。しかし、仏教の歴史の中で、仏像が建立され崇拝されるようになるのは、釈迦が亡くなって四、五百年経ってからです。それまでの仏教には、今日のような仏像信仰はありません。したがって、拝む対象としては、何にもなかった。像が無かったのです。

それで、何を信仰していたかというと、というより何を自分たちの心の支えにしていたかというと、仏足石です。仏の歩いた足跡を石に彫って、それを釈迦が生きていたという証《あかし》にして、釈迦を崇拝していたのです。この仏足石も最初はさほど大きくなかったのですが、時代とともに次第に大きくなっていきます。

釈迦は普通の人間ではないということから、釈迦の足は、おそらく実際には三〇センチも

ないと思うのですが、今日多くの仏足石の標準は四十四センチです。しかも偏平足《へんぺいそく》です。その上、足の裏にいろんな模様が書いてあります。

さて、本来仏教は釈迦の教えからして、偶像崇拝をしない教えでしたが、後世仏像が造られるようになり、あたかも仏像信仰が仏教の基本理念であるかのような状況になっていきます。

で、この足跡から換算して、仏像というのは造られるようになります。いわば逆算です。大体釈迦像は一丈六尺（約五メートル）と言われますように、通常標準としてこの大きさに決まっています。で、座っている仏像というのは、その像を座わらせた場合の高さということになります。もちろんこれに当てはまらない仏像はありますが、古来より、通常釈迦の身長は一丈六尺というふうに決まっていて、そこからすべてのことが始まるのです。

面白いことに、昔の人は、この一丈六尺（約五メートル）が釈迦の実際の大きさだと信じていたのです。最初は信仰的な意味で大きくしたのですが、これが定着すると、本当に、あれぐらいの大きな人間だったということを信じられるようになっていきます。釈迦のような偉大な人間は、外見まで大きな人間でなければならないということです。実際には、ありえないことですけど。

それから、釈迦の特徴として、頭髪の毛が縮《ちじ》れています。ここからわかることは、釈迦はインド人と言いましても、今のアーリヤ系インド人ではありません。アーリヤ系インド人以前よりそこに居住していた先住民族系であることがわかります。色が黒くて、縮れ毛ということがその証《あかし》です。

さて、国王の王子として生まれ、成長してヤシュダラ姫という女性と結婚しまして、子供が一人できます。ただ、その先が普通の人と違うところでして、釈迦は、そういう一般からみるとエリートですね。国王の王子で、奇麗なお姫様を妻にして、子供もでき、将来は国王になることになっているわけですから、非常にエリートの人間だったのですが、そういうことに少しも、幸福感を感じなかったのです。心に充実感もなかった。で、ある時、城の外に出て、散策しているとき、ふと座った。まぁ、座禅のようなものを組み、瞑想したのです。深く自分を見つめ直したのです。すると、そこには今まで自分が感じたことのない、心の喜び所謂安心《いわゆるあんじん》を感ずることができたのです。その後、また城に戻り、自分の日常の生活をしていくのですが、どうしても、満足できないままでいました。それであるときに決心しまして、ヤシュダラ姫と子供を城に置いて、家を出ます。

今、家出というと印象があまりよくありませんが、出家というと、聞こえがいいのですが、要は同じことです。言葉をよく言うと、出家ということになります。ただし、誤解してはいけないことは、今で言う蒸発ではありません。

インドのカースト制度と仏教

ちょっと話はそれますが、インドでは、カースト制度と言いまして、人間を生まれながらにして差別する制度が存在します。ちょうど、日本の江戸時代のようなものに似たところがあります。

一番上がバラモン（聖職者＝僧侶）、次がクシャトリヤ（武士階級）、そしてバイシャ（庶民・商人・町人）、シュードラ（奴隷）の順ですが、一応ここまでは身分に入っています。この下に、身分に入らない人がいます。センダラ（旃陀羅）といいます。日本でも、同和問題として多少残っていますけども、インドでは、今でも実際に残っています。インドは今日人口が十三億ですが、そのうちの十五パーセントはこの旃陀羅階級出身者です。

こういう差別制度が社会に存在していては国家や社会が健全に発展するはずはありません。生まれによって人間が差別されるということになったら、社会がいいほうに進むはずはないのです。結婚するのも、同じ階級の中でしか出来ませんし、職業の自由も制限されます。

ところが、旃陀羅出身の人たちは、かつては教育も受けられないし、動物を殺すような、人のしたがらない職業、あるいは召し使いしか職業がありませんでした。それ以外普通の職業に就職させてもらえなかったのです。

これではいけないということで、インド政府は、法律的に旃陀羅出身の被差別民を種々の公職に優先的に、かなりの割合で就職させなくてはならないと決めました。これによってかなり改善は見られました。インド政府の旃陀羅出身積極採用政策によって、今日では公職を中心にかなりの旃陀羅出身の人が進出していますが、しかしそうは言っても、民間や地方の保守的な地域では根強く残っています。政府主導でカースト制度の見直しを進めても、なかなか根絶はできない状態です。

インド人で、有名なガンディー（一九一七〜一九八四）がいましたが、この人は上の階級です。ガンディーは、基本的に平等主義者でしたから、何とか、そういう制度を打破したいと思っていたと思われます。

そのガンディーにはこういう話が伝わっています。ある時、自分の家庭でトイレの掃除を自分でしようとしたのです。ところが、それを奥さんが止めたのです。

「なにをしてもいいけれども、それだけはするな」

と言われました。それはあなたがすることではないということですね。それをしたら、ついていけないと言われたのです。そこでガンディーは仕方なく止めました。掃除という仕事は、それをする人間がいるんだ、という考え方なのです。自分の奥さんから、そういうことを言われてしまうほど当時のインド社会には浸透していたということです。

インドでは、仏教徒は少ないのですが、そういう階級制度を作っている元になっているものが、ヒンドゥー教です。ヒンドゥー教というのは、要するに、人を差別する宗教ということになります。人間には生まれながらに差別があるという宗教です。ですから、上級の人々には都合がいい。しかし、下級の方の人達にとっては最悪です。ということから、仏教は一旦インドでは完全に滅びますが、今は復活し、仏教に改宗している人が続出しています。なぜかというと、仏教は生まれながらの差別を否定しているからです。したがって、当然のことですが、ヒンドゥー教から仏教に改宗する人々は下級階級の旃陀羅出身の人々が主です。インドにおいて仏教徒が少しずつではあっても増えていくことで、カースト制度の悪弊が緩和されていくことができるかも知れません。

生まれながらにして差別なんて、あるはずがありません。差というのは、後からできていくものであって、生まれながらにしてあるものではない。差別を否定した仏教が釈迦によってインドに誕生したにもかかわらず、仏教のインドにおける衰退がカースト制度を温存したのは、歴史の皮肉という他ありません。インドが今後とも健全で、更なる発展を遂げていく上で、このカースト制度の打破は逃げられない課題だと考えられます。

釈迦の出家とバラモンの四住期

閑話休題、ともかく釈迦は出家して、バラモンになります。このバラモンというのは、キリスト教のカトリックと同じ意味を持ち、カトリックとは正統という意味です。

同じようにバラモンというのも、正統という意味です。当時のインドはバラモン教が主たる宗教でした。しかし、仏教が広まるにつれて、バラモン教が廃《すた》れていきます。それから、仏教が千年位続きます。その千年の後に、仏教が滅びてしまいますが、その後出現するのが、仏教とバラモン教が一緒になった、というよりバラモン教の中に仏教が吸収されて、ヒンドゥー教が出てきます。ですから、ヒンドゥー教の中には、仏教の教理も少し入っています。

さて、このバラモンですが、このバラモンの人達の人生もまた決まっていまして、子供の頃は修行勉強します―梵行期―。これが青年になるまでですが、青年から、壮年になり家庭を営みます。結婚をし跡継ぎを育てます。この時期を家住期といいます。その家住期の後を林棲期といい、普段は家を出て、林に住み、一ヵ月に一日か二日家に帰るんです。この期間がある一定までいきましたら、今度は完全に家に帰らなくなります。遁世です。この時期を遁世期といい、放浪するんです。そうして放浪の後に自分の一生を終えることになります。

バラモンの人達には、そういう決まりがあるのです。

いまでもそうしているか、どうかはちょっとわかりませんけども、インドの僧侶というのは、釈迦の当時は、こういうことだったのですね。だから、家を捨て、家を出るというのは、バラモン階級の人は誰でもしていることだったということです。釈迦は、出身はクシャトリア（武士）ですが、バラモンを目指し、家を出た。今日、妻子を捨てて、家を出るというととんでもないことですが、当時は、インドではバラモン達は誰もがそうしていました。普通にそうしなくてはならなかったということです。

釈迦も同じような道をたどり、何人かの師について修行するのですが、自分の求めているものと違うということで、離れます。

菩提樹の下で座禅して悟りを開いた釈迦の教え

あるとき、ふと昔のことを思い出します。城を出て、座禅を組んだあのときのことを思い出すんです。あのとき、非常に心が満足し、安心があったと思い出します。それでもう一度、あれをしてみようと思い立ち、菩提樹という木の下で一週間ほど座りつづけます。こうして、七日目に悟りを開き、成道することになります。

そこで、何がわかったか。何を悟ったのか。それは後で触れます。この時三十五歳、ここに仏教が始まります。釈迦が何歳で悟りを開いたかにつきましては古来異説があるのですが、今日では三十五歳が有力です。ちなみに日蓮の当時は、三十歳が定説でした。その後、四十五年間教えを説き、八十歳で入滅するという説です。それから、約二千五百年仏教は続いてきました。

この仏教は、世界の三大宗教です。世界宗教といいますと、キリスト教・イスラム教そして、仏教です。信じている人の数の多さからいうと、キリスト教が一番多く、次いでイスラム教、そして仏教となります。人口の多さからいうと、ヒンドゥー教徒の方が仏教徒より多いのですが、ヒンドゥー教はインド以外には広がっていないので、世界宗教とは言いません。そのキリスト教・イスラム教に共通するのは、全能の神の存在です。これに対して、そのような全能の神を真っ向から否定しているのが仏教です。

多くの人に使われる言葉だと思いますが、無我という言葉があります。我が無いというのは、いまでは自分を無くすという言葉で使われていますが、勿論、そういう意味もないわけではない。がしかし、無我の一番の言わんとするところは、絶対者すなわち全能の神は存在しないということです。この世は、誰かが造ったものではない、ということです。宇宙を造るような、そういう絶対者はいないということです。

神様が造ったわけではないし、仏が造ったわけでもありません。あるべくしてあったということです。では何か。物事は原因と結果によってしかない、すなわち因果の法則によってこの世の事象は存在するということを説いたのです。この因果の法則のことを別名無我といいます。

ですから、我々の運命というのも、決まっているわけではない。過去からの決まった宿命ということもありませんし、たとえあったとしてもそれは変えることができるものです。すべてのことが自分の生まれてからの環境や教育や、自分が経てきたもの、そういうものの総合的な原因によってしか物事は成り立たない。それ以外のものは、何物もないということが無我ということです。で、大事なのは、己《おのれ》の心だといったのが、釈迦の教えです。

ものごとは心にもとづき、心を主とし、心よりなる。汚れた心で語り、行うなら、苦しみはその人につき従う。清らかな心で語り、行うなら幸福はその人につき従う。影が体から離れないように。（『法句経』）

自らを灯明とし、自らを頼りとして、他人を頼りとせず、真理を灯明とし、真理を頼りとして、他のものを頼りとせずあれ。（『涅槃経』）

「自らを灯明とする」とは、先程申しました「天上天下唯我独尊」と同じ意味です。自分が一番大事だ。自分が灯火である。他に灯火はないんだ。もっと簡単に言うと、頼れるものは何もないということです。自分だけである。自分だけが信じられるのである。自らを頼りとし、他人を頼りとせずです。自分と真理だけが大事であって、それ以外のものすなわち神様や超越的な絶対者を信じてはいけないということです。

ところが、残念ながら、現在仏教は、釈迦の精神はまったく消えてしまっているのが現状です。どこのお寺に行っても仏像があります。偶像崇拝から脱皮を唱えていたはずなのに、実態は偶像崇拝そのものです。

時代に即応して種々に展開した仏教

しかし、深く考えると、当初仏像は偶像崇拝ではなかったのかも知れません。悟った人の象徴としての仏像だったのですが、なかなか実際にはそうはなっていません。仏教は長い歴史の中で、時代に即応して種々に展開してきました。この点キリスト教やイスラム教は旧約聖書が原点なので、基本的な教えは時代が下っても変わることはありませんでした。しかし、仏教は当初から文字によって教えが伝わっていなかったせいもあって、時代とともに教祖である釈迦の直説である経典も内容が変わっていきました。小乗仏教と大乗仏教の成立の結果です。

特に大乗仏教経典は釈迦の直説を基にして、大乗僧達が現在釈迦が生きていれば、このように説くであろうという確信から経典が成立していきました。そういう歴史から仏教は変わらない宗教ではなく、社会の変化とともに変わっていく宗教、つまり展開の宗教と言えます。もちろん、変わって良い部分といけない部分があります。

そういう意味で、仏教は変わってきた歴史というのは、欠点でもあり、長所でもあって、良い方に変わっていくのならいいのですが、悪い方に変わっていくと、欠点になってしまいます。物事に善悪という、必ず両面があるのと同様ですが、この良い面と悪い面というのは、紙一重です。人間の性格も同じです。いい性格というのは、実は欠点でもあるということです。同じように、欠点というのは裏返すと長所になります。

日本の代表的な仏教思想の潮流―親鸞、道元、日蓮の教え

さて、今日日本の仏教を概観しますと、だいたい三つの思想に分けられます。もともと、釈迦自体の残したものというのは二つあります。法すなわち真理と戒律です。それに更に釈迦の滅後、その釈迦を代表とする仏そのものに対する信仰が加わります。所謂《いわゆる》戒と、法と、仏を崇拝・修業する三つの思想に分類されると思います。この三つは、仏の形重視としての

戒、仏の中身としての法、仏そのものの信仰と言えます。

現在、日本の代表的な仏教思想というと、親鸞の教え、道元の教え、それから、日蓮の教えです。まず、親鸞の教えとは浄土真宗です。この信仰は信仰の対象が釈迦如来ではありませんが、阿弥陀如来という仏様を信仰する教えです。次に道元ですが、この道元の思想の特徴は何といっても戒律重視ということだと思います。そして真理重視の立場から法信仰を説いているのが日蓮と言えると思います。仏教思想は今日の日本においては、戒は道元、仏は親鸞、法は日蓮に受け継がれているのではないでしょうか。


ところで、日蓮は釈迦の残したものの中身、つまり言わんとしたことが一番大事であり、形や仏そのものより、より重要だと考えたのですが、その意味で、私は日蓮がもっとも釈迦の思想に近いと思われます。釈迦は仏であるが、どうして仏になったのか、そこがわかったら、私達も仏になれる。釈迦の仏たる根源の部分を追及したのが日蓮と思います。日蓮は当時の仏教界を鋭く批判していますが、今風にいえば教祖である釈迦の残した理念が生かされていないではないかということになると思います。

その理念とは何か。それは、私は釈迦が生後七日にして説いたと伝承されている「天上天下唯我独尊」の言葉に象徴されていると思うのです。つまり、この世の中で自分が一番大切であって、それ以上に大切なものがあるはずはない、ということ。自分以上の何かを信じてはいけない、真理以外のものを信じてはいけない、この言葉こそ釈迦のもっとも言わんとしたことだと思うのですが、すばらしい教えだと思います。すばらしい言葉、真理の言葉というものは時を超えるものですが、三千年近い時を超えて、今日においてもやはり大切なことだと思います。

一方で、釈迦のもう一つの残したもの、戒律ですが、日蓮はこの戒律には否定的でした。この点は親鸞と同じで、道元とは逆の立場になります。思想というものは内容と形式から構成されますが、日蓮の立場というのは、内容重視、形式は柔軟にということになるでしょう。この点がまた日蓮の思想の欠点だと指摘している人もいます。明治の思想家内村鑑三は、

「日蓮には戒律がない」

といって批判しました。

ですが私は、この点は逆に日蓮の思想の非常に優れた点と考えています。日蓮はこう考えたのです。「悟りこそもっとも優れた戒律だ」私は、日蓮はこのように考えたに違いないと思っています。もっともこのように考えた日蓮ですが、この考え自体日蓮の独創ではありません。天台大師がすでにそのように説いていたのです。大師は「中道正観、戒の正体」と説いています。戒律の究極は悟りそのものということです。これが日蓮の思想であり、もともと

戒律とはそういうものと思います。この戒律というものに固執すると、逆に戒律にしばられてしまうことになります。日蓮は、比叡山を開創した伝教大師最澄を釈迦以外で最も尊敬しましたが、その伝教大師の言葉を引用して、「末法において持戒は不必要である」と記しています。

戒律は比丘の場合で二百五十戒、比丘尼は三百五十から五百あります。当初さほど多くなかった戒律も次第に多くなり、最終的には多い人の場合五百、こんな戒律から脱皮しようということで、大乗仏教と小乗仏教は分裂しますが、私は、戒律は戒律のためにあるのではなく、悟りのためにあるという原点に照らして、戒律否定の立場に立った日蓮の思想は伝教大師の精神を受け継ぐものであり、時代に相応した思想であると思うのです。

釈迦を源とする仏教は、今日まで、既に二千五百年以上前の思想ですが、現在も生きつづけていると思いますし、今後も生きつづけていかなければならない優れた思想と思います。

「天上天下唯我独尊」の本来の意味を一人でも多くの人に伝えていけたら何とすばらしいことではないでしょうか。今日日本では三つの思想的潮流があると述べましたが、仏そのものの信仰の立場に立つ親鸞、釈迦の残した戒律重視の立場に立つ道元、そして、釈迦の残した真理が最も重要との立場に立つ日蓮、この中で、日蓮は法の信仰を説くことによって、私達に仏教の正当的思想を残してくれたと、そのように思います

六十　【講話】佐前と佐後　佐渡以前は方便

日蓮は、龍の口において首を切られそうになった後、何故か切られることなく、佐渡に流されたが、その過程で法門的には劇的な変化があった。

結論をいうと、佐渡の国へ流される以前の法門は、ただ仏の爾前の経と同じであり、いわば方便である。この国の国主が私の説くところを用いるならば、必ず真言師等との対論になるであろうと考える。その時、誠の大事を申すべきと考えるが、対論の前に弟子等に内々申すならば、私の考えが彼等の知るところとなり、対論を避けられては困るので、弟子達にも詳しくは話していない。

しかるに去る文永八年（一二七一）九月十二日の夜、龍の口にて頸をはねられんとした時より後、私の教えを信じてついて来た弟子達に、誠のことを言わないでは、さすがに不便と思い、この佐渡において弟子達に内々に申す法門あり。

これは仏より後、迦葉・阿難・竜樹・天親・天台・妙楽・伝教・義真等の大論師・大人師は知ってしかも御心の中に秘し給いて、説かれていない法門である。なに故長い間、説かれることがなかったのか。それは滅後末法においてでなければ、この大法を説くべからずと、経典に説かれているからである。
日蓮にその資格があるかどうかわからないが、今時はまさに末法に当たり、存外にこの法門を悟ることができたので、説くに相応《ふさわ》しい聖人が世に出で給うまで、先ずさきがけとして説いているのである。（「三沢抄」）

【原文】「三沢抄」　建治四年二月
法門の事は、佐渡の国へながされ候ひし已前の法門は、ただ仏の爾前の経とをぼしめせ。此の国の国主、我をもたもつべくば、真言師等にも召し合わせ給はずらむ。その時まことの大事をば申すべし。弟子等にも内々申すならば披露してかれら知りなんず。さらばよも合わじと思ひて各々にも申さざりしなり。
而るに去ぬる文永八年九月十二日の夜、龍《たつ》の口《くち》にて頸をはねられんとせし時よりのち、不便なり。我につきたりし者どもに、まことの事を言わざりけると思て、さどの国より弟子どもに内々申す法門あり。
此は仏より後、迦葉・阿難・竜樹・天親・天台・妙楽・伝教・義真等の大論師・大人師は知りてしかも御心の中に秘せさせ給ひて、口より外には出だし給はず。其の故は仏制して云はく、我が滅後末法に入らずば、此の大法いうべからずとありしゆへなり。日蓮はその御使《おんつか》ひにあらざれども其の時刻にあたる上、存外《ぞんがい》に此の法門をさとりぬれば、聖人の出でさせ給ふまで、先づ序分にあらあら申すなり。

〈講話〉

日蓮が成し遂げた二つのこと―題目の流布と、曼荼羅の開顕

日蓮聖人（以後尊称略）は、承久四年（一二二二）二月十六日の生誕で、亡くなられたのは弘安五年（一二八二）の十月十三日です。ちょうど六十歳と八ヶ月、昔のことですから六十一歳入滅と言います。

日蓮の人生を見ていきますと、大きく三期に分けることができます。

第一期は、日蓮が生まれて、十二歳で出家をし、清澄寺というお寺に行きます。十六歳の時、正式に得度をして各地を遊学し、三十一歳の時に比叡山からまた清澄寺に帰ってきます。これが第一期。

第二期は、三十二歳で法華宗を宣言して、南無妙法蓮華経を唱えて布教をします。布教を始めて、三十二歳から佐渡流罪の五十歳までの日蓮。これが第二期です。

そして五十一歳からの六十一歳までの晩年の十年間。これが第三期です。まとめると左記の通りです。

第一期　誕生から三十一歳　　立宗宣言までの主に修行の期間
第二期　三十二歳から五十歳　　立宗から佐渡流罪までの布教の前期
第三期　五十一歳から六十一歳　佐渡流罪から入滅まで

以上のように日蓮の人生というのは、三期に分けることができます。なぜ、三期に分けるのかといいますと、実は、まさにそのことのテーマが、この「三沢抄」のテーマなのです。ここでは、立宗宣言までのことは、一応置いておき、立宗宣言以降の話をしたいと思います。日蓮が立宗宣言をしたのが三十二歳ですから、三十二歳から六十一歳というと二十九年間です。その二十九年間のうち、最初の十九年間の教えと最後の十年間の教えというものを、詳細に見ますと、二つに分かれるのです。

日蓮はその一生のうちの布教活動をされた二十九年間の中で、成し遂げたことは実は二つなのです。一つ目は十九年の間に成し遂げ、次の十年でもう一つのことをされます。この三沢抄には、そのことが明確に書かれています。その上で、この「三沢抄」では、三十二歳から五十歳までの十九年間に説いたことは、いまだ完全とはいえない。五十一歳以降が――この「三沢抄」を書かれた時が五十七歳ですが――私の布教の本番であると仰っているのです。

その日蓮が生涯をかけて成し遂げた二つのこととは、南無妙法蓮華経という題目の流布と法華経の本尊すなわち曼荼羅の開顕に尽きます。このうち、題目は前期の十九年の間に確立されますが、本尊の曼荼羅は後期の十年間に至って初めて確立されるのです。

立宗宣言時の二つの目標――仏は釈迦、経は法華経

日蓮は当初、立宗宣言をした時、教えの柱というか、目標を立てました。その柱は二つあります。第一は、私達の本師は、仏は釈迦、経は法華経であるということ。第二は、その釈迦を含めて、すべての仏の師は法であり、法が根本であるという法中心の教え。この二点、これが日蓮が立宗宣言の時点で目標にしたことです。

第一の本師釈迦如来とは、本師とは本当の師ということですが、私達の本師は阿弥陀如来ではない。薬師如来でもなく、観世音菩薩でもないし、大日如来でもない。釈迦如来だということです。みんなの信仰を阿弥陀如来、薬師如来、大日如来などのいろいろな仏ではなくて、まず釈迦如来の信仰に戻すということです。「釈迦如来が私達の師ですよ。」ということです。

当時、日本の仏教の指導的立場にあった比叡山は、本来の法華宗とは名ばかりで、本尊乱立の状態でした。最も多くの人が信じていたのが阿弥陀如来、そして薬師如来・大日如来・観音菩薩など、仏教で最も忘れてはいけない釈迦如来を捨てて、違う仏に走っていたのです。この本尊乱立の状態を正常な形にもどすこと、すなわち釈迦如来の復活、そしてその釈迦の出世の本懐の経典である法華経の復活、これが日蓮の第一の目標です。

第二の法を根本とする教えとは、法勝人劣《ほうしょうにんれつ》・依法不依人《えほうふえにん》ともいい、法は釈迦如来を含めたすべての仏の師であるということです。このことを説いている法華経こそ、すべての人を救う教えであるということです。

日蓮の二つの布教形態――仏教の永遠のテーマ

これらのことから、日蓮は当初鎌倉の草庵において、本尊として釈迦如来及び法華経の経巻を安置し、信仰の対象とされました。ところが、龍の口の法難とそれに引き続く佐渡流罪を契機に、本尊の形態を一新します。それまでの釈迦如来像を廃止し、新たに法華経の説くところを曼荼羅として書写し、これ以降曼荼羅が本尊として信仰の対象となりました。その本尊の相貌は、中央に南無妙法蓮華経と題目が大書され、周囲に釈迦如来以下の諸仏菩薩が小さく書かれるという、それまでにない日蓮独自の曼荼羅でした。

問題は、法華経を布教するにおいて、日蓮に二つの形態が存するということです。前半の佐渡以前においては、釈迦像が本尊として安置され、後半の佐渡以降においては、曼荼羅が本尊として安置されているということです。

今日、日蓮の門流は大きく分けて、本尊を釈迦像とする門流と、曼陀羅を本尊とする門流とに分かれます。釈迦像を本尊とする宗派としては、身延山久遠寺を総本山とする日蓮宗の系統、あるいは日蓮系京都諸寺などがあります。また曼陀羅を本尊とする宗派としては、日蓮の高弟日興を派祖とする日蓮正宗富士大石寺・京都要法寺などの日興門流の系統があり、大きく言って二つの本尊の流儀があります。

この両派の大きな違いを示すと、日蓮宗は日蓮聖人の最初の十九年間の信仰の形態をとっています。釈迦像を本尊にして、唱える言葉は南無妙法蓮華経です。この形態は日蓮が三十二歳から五十歳までの間に行ってきた布教の形態なのです。

一方、大石寺などに代表される日興の門流は、五十一歳から六十一歳までの十年間の日蓮の布教と信仰のあり方をとっているのです。

日蓮は、なぜこのように二つの形態をされたのか。そしてこの二つの形態の関係はどのようなものなのか。この問題を解決するのが、この「三沢抄」のテーマということです。

実は、この問題は非常に大きく重要な問題でもあります。単に日蓮門流のみならず、仏教の永遠のテーマといっても過言ではありません。

本門法華堂の本尊

さて、言うまでもありませんが、ここ本門法華堂の本尊は見てわかりますように曼荼羅です。曼荼羅の中央には題目、すなわち南無妙法蓮華経と大書してあります。そして、私たちの拝む言葉も南無妙法蓮華経です。

したがって、拝む言葉も南無妙法蓮華経、拝む対象も南無妙法蓮華経の曼荼羅です。そうした意味では、この信仰は全く矛盾がないのです。

ところが、ここからが非常に大事なのですが、深く考えていくと、日蓮の三十二歳から五十歳までのこの期間は、唱える言葉は南無妙法蓮華経。しかし、拝む対象は仏像としての釈迦如来だったのです。

そうすると、よくよく考えてみると釈迦に向かって南無妙法蓮華経と唱えているのです。そして更によく考えてみると、これは矛盾とは言えませんが、唱える言葉と唱えられる本尊とは一致していません。

ここにすっきりしないものがあります。お釈迦様に向かって、「南無釈迦牟尼仏」とこう唱えるなら、これはすっきりするのです。厳密に言うならば、釈迦如来の仏像は、法華経の本尊としてもっとも相応《ふさわ》しい本尊の形態とは言えないのです。法華経の主旨は法勝人劣《ほうしょうにんれつ》だと言いました。この法勝人劣については、あらゆる機会に述べているので、ここでは詳細な説明を省略しますが、この主旨からすると、釈迦像は最適ではないし、最終的には矛盾を孕むことにもなります。

話を戻しますが、日蓮が立宗宣言をして、したかった事が二つあるということを言いました。一つは、皆の信仰が、今は阿弥陀仏とか、それから薬師如来とか、大日如来とか、釈迦とは違う仏を信仰していたのです。そういう状況の中で、日蓮はまず私たちが崇拝すべきなのは、歴史上の実在の人物としての釈迦の教えを信じなければいけないと説きました。釈迦に、まず皆の目を向けさせることだったのです。

阿弥陀如来・薬師如来・大日如来等ではなく、釈迦が仏教の根本であり、教祖であり、釈迦の言う事を信じなければいけない。釈迦は何て言っているかというと、法華経が最も私の言いたい教えですよと言っているから、日蓮は南無妙法蓮華経が釈迦の本来の教えですということを説いたのです。

十九年間の間に、まず第一に法華経と釈迦に皆の目を向けることが大目標です。第一段階です。

それで、第二段階が何かというと、釈迦が法華経を説いたのだけれど、釈迦が根本ではなくて南無妙法蓮華経が根本ですよと、法勝人劣《ほうしょうにんれつ》です。依法不依人《えほうふえにん》とも言います。人軽法重《にんきょうほうじゅう》とも言います。お釈迦様が根本ではなく、仏が根本ではなくして、妙法が根本なのです。妙法が根本であることは、十九年間の間にも、たびたび説かれています。ところが、その妙法を表す本尊がまだ無かった。

法華経の本尊に似たような本尊というのはあったのですが、これこそが法華経の本尊だというようなのが、日蓮以前には無かったのです。

最初の十九年と後の十年

法華堂の本堂には、日蓮の御書の真筆（複製）である『宝軽法重御書』が掲げられてありますが、そこには明確に「人軽法重」、「人が軽くて法が重い」と書いてあります。そして更に「法を以って本となす」とも書いてあります。まさしく法が本尊ということです。

それで話は最初に戻りますが、おそらく日蓮自身は最初からそういうことはわかっていたと思います。三十二歳の頃からわかっていたのです。しかし、一遍に物事は出来ないので、機会を待っていたと思います。

最初にすべき事は、阿弥陀如来や薬師如来から、釈迦にまず目を向けること、そして釈迦の本懐である法華経に目を向けることです。これが第一段階です。そして第二番目が、仏が根本ではなくて、法が根本であるということを現した本尊です。したがって、日蓮の三十二歳から六十一歳までの二十九年間の布教は、十九年と十年に分かれます。以上のことから日蓮の人生は修行の期間を入れて、三期に分けたのです。

最初の十九年間は法華経を、南無妙法蓮華経を説くことが主だったのです。その法華経を布教するために釈迦如来を強調していく、釈迦如来を尊敬し、崇拝していくという形だったのです。後の十年は、法が根本である。仏よりも法が根本ですよということを中心に教えを説いていった。

したがって、日蓮はそれこそ先程の話ではないですが、二十九年間の間、最初の十九年は、まず釈迦と法華経の方に皆の目を向ける。次に、釈迦より妙法と曼荼羅に布教の主体を置く。そういう意味では、日蓮には法華宗を創立する時に二つの目標がありました。

そして、一つの目標はまず達成できた。十九年掛けてできた。けれども、まだやり残していることがあったのです。

「法門の事は、佐渡の国へながされ候ひし已前の法門は、ただ仏の爾前の経とをぼしめせ」と言われる所以です。

最後のところ、しかし最も重要なことをまだ公に発表していなかった。この公表しなかったことの理由を書かれているのが、この「三沢抄」なのです。

龍の口の法難で決意したもの

日蓮は五十歳の時に佐渡島に流されました。その佐渡島に流されたきっかけは、龍の口の法難です。文永八年（一二七一）九月十二日に鎌倉の龍の口という刑場で、鎌倉幕府の権力者である平頼綱から首を切られそうになります。処刑の寸前で中止になりますが、この法難がきっかけです。

そして、日蓮は、

「私はこの時に生まれ変わったのだ。もうあの時点で首を切られても当然だったのだけれども、これが法華経の使命というか、何というか、不思議な力によって生かされて、今ここに生きている。もはや過去の日蓮とは違う。したがって、過去私が言ったことはいろいろあるけれども、それは仮の教えと思って欲しい」

と仰っているのです。

仏に喩えると爾前《にぜん》の教え、爾前というのは仮ということ、方便の教えということです。方便と受け取ってほしいと言われています。

ところで、実は方便というのは嘘じゃないのです。「嘘も方便」というくらいだから、方便というと嘘と皆思うのですが、方便というのは嘘じゃなくて不完全な真実なのです。その時点では、真実だけれども後から振り返ってみると、まだ不完全である。けれども嘘じゃない。不完全な真実ということです。完璧ではないですが、嘘ではないのです。不完全な教えなのです。

この国の権力者、鎌倉幕府の権力者が私の言うことに聞く耳があって、私を信頼するならば、必ずや真言の僧侶やあるいは禅宗の僧侶や念仏宗の僧侶達と引き合わせをするだろう。そうすると必ずそこで議論になり、法論になるだろう。その時の為に、実は私は長年心にあたためていたことがあるのだ。弟子にも言っていないことがある。

自分が常日頃から、自分の知っていることや考えていることを全部弟子たちに話していたら、真言の僧侶や禅宗の僧侶やあるいは念仏の僧侶達が、日蓮とは会いたくない。会って法論にでもなったら大変だ。大衆の前で恥をかかなければならないから会いたくないというようなことになってしまうので、いちばん自分が言いたいことは、ずっと心の中にあたためておいた。

先の文永八年九月十二日の夜、私は鎌倉の竜の口の刑場で首をはねられそうになった。かろうじて、首を斬られることなく生き延びたが、そこで思ったことは、せっかく皆に長い間法華経の教えを説いてきたのに、最も言いたいことを言わずに、あの時もし死んでいたら悔いが残るということです。皆に最も言いたいことを言わずに死ぬところだったと仰っています。

私に長年付いてきてくれた。信じて付いてきてくれた人達に本当のことを言わなかったのならばいけないとつくづく思った。そして佐渡に渡ってからは、弟子たちに内々話をするようになった。その内々の話とは何かということです。

日蓮が最初に書写した曼荼羅

日蓮は、文永八年（一二七一）九月十二日に首をはねられそうになりますが、結局のところ斬られず、処分保留になります。その間、相模国《さがみのくに》の依智《えち》（神奈川県厚木市）というところの本間六郎左衛門の屋敷に預かりになるのです。佐渡島に流される直前のことです。その依智にいる時に初めて日蓮は曼荼羅本尊を書写します。

その曼荼羅は南無妙法蓮華経が中央に大書され、両脇に不動明王・愛染明王の種子《しゅじ》（梵字《ぼんじ》）が書写されただけの本尊で、日蓮花押《かおう》と書いてあります。釈迦や他の諸仏菩薩の記述はなく、一遍の題目だけの曼荼羅です。今から十年ほど前ですが、私はこの本尊を拝見したことがあります。京都のお寺にあるのですが、これはもう凄い。竹筆のような筆で南無妙法蓮華経と書いてあります。これが最初に書かれた本尊です。

ここが重要です。南無妙法蓮華経が本当の本尊なのだ。今まで釈迦如来の像を安置して拝んできたけれど、これが実は真にあるべき本尊ではなくて、南無妙法蓮華経そのものが本当の本尊である。このことを日蓮はずっと十九年間、いつか言おうと思っていたのです。

多くの人が仏教の教祖である釈迦が本尊だ。教祖であるからして本尊であるべきだと思っているわけです。けれども本当の本尊は、南無妙法蓮華経そのものが本尊であって、本当の法華経の本尊なのだということを、日蓮の曼荼羅書写は意味しています。

まさしく「法を以って本となす」と言われた、その法の本尊です。

いまだかつて、このような本尊は存在しませんでした。日蓮以前には無かったのです。無かったから、取りあえず釈迦如来を安置して拝んでいたのです。

けれども、いつか機会があったら、「法を以って本となす」というその本尊を正式な本尊にと思っていたのです。ずっとあたためていた。それで、龍の口で首を斬られそうになって、これはいつまでも釈迦像を本尊としてはいけないと思ったのです。釈迦像を本尊とすることは、ある面釈迦に頼ることにもなり、釈迦の南無妙法蓮華経を拝することになります。そうではなくて、釈迦如来も含め、すべての仏の師である南無妙法蓮華経が本尊なのです。釈迦を前面に出していてはいけない。ここで南無妙法蓮華経の本当の本尊を公にしないと不憫《ふびん》だ。自分だけ知っていてはいけない。

ということで、それこそ佐渡島に流されてからは、今度は南無妙法蓮華経の本尊を書いて弟子や信徒に授与して、これを本尊として拝するのですよと。したがって、日蓮は龍の口で首を斬られそうになった折、草庵に安置されていた釈迦如来の像が平頼綱によって破壊されますが、しかし釈迦如来を再度本尊として安置することはなかったのです。死ぬまで南無妙法蓮華経の法の本尊を、自分もそうだし、人にもこれが本当の本尊だと説き続けました。その事を五十歳までと五十歳以後とでは、説いていることが変わってきたと仰っているのです。それは、いつか言おうと思っていて、黙っていたことだったのです。

日蓮書写の本尊に登場する人たち

日蓮書写の本尊には、日蓮が尊敬している人が書写されています。仏とは釈迦如来、迦葉尊者、阿難尊者、この二人は釈迦如来の直弟子です。それからインドの竜樹菩薩、天親菩薩。竜樹菩薩は、今の日本にはありませんが三論宗という宗派が昔ありました。三論宗というのは経典でいうと『中論』、『百論』、『十二門論』という三つの論集があるのですが、その論集が三つあるので三論というのです。経典でいうと般若経が主体の宗派です。般若心経に「色即是空。空即是色」というのがありますが、この般若経典を中心にした宗派の宗祖がこの竜樹菩薩です。法華経を非常に深い教えとして理解を持っていた人です。そして同じインドの人で天親菩薩。これは西遊記で有名な玄奘三蔵の大元《おおもと》の人です。ですから、仏、迦葉、阿難、竜樹、天親の五人はインドの人です。

次に天台、妙楽というのは中国の法華宗の宗祖である天台大師と中興の妙楽大師のことです。それから伝教、義真というのは、比叡山を開いた伝教大師最澄とその弟子の義真和上です。これらの大論師・大人師は知っていたけれども、心の中に秘して、公に教えとして表すことはなかった。かつて仏教を極めた人達も知っていて、しかし言わなかった。時が来て初めてこれは言えることとなのだ。滅後末法に入って、初めてこの妙法の本尊が出現するのである。

私は、釈迦から使命を受けてこの世に出現したわけではないのだけれども、まだ法華経の経典にあるところの「滅後末法に入ったら、法華経を弘むべし」という人がまだ出てきていないので、取りあえず私が代わりに先駆けとして布教します。そして、しかも、「存外にこの法門を悟りぬれば」とありますように、思いがけずこのことを悟ったから、使命を受けた聖人が出現するまで、自分がまず皆にこの教えを説くのだということです。

日蓮のこの教えは、もうすでに立宗宣言から七百五十年近く経っています。最初に戻りますが、この七百五十年間で日蓮宗は、唱える言葉は南無妙法蓮華経、本尊は釈迦像の形態です。一方、日興の流れを汲む門流においては、唱える言葉は南無妙法蓮華経、拝む対象としての本尊も曼荼羅の南無妙法蓮華経。実はこの両方の形態とも、元々日蓮に始まるということです。

日蓮の二十九年間の布教の中で、前半の十九年と後半の十年では、教えが変わっているのです。変わっているというより進化したと言っていい。前進したというべきです。そして日蓮宗の方は、日蓮がまだ不完全ですよ、方便ですよと言っている方を取っています。一方、日興の門流は、日蓮が真実だと言ったものを取っています。

したがって、実は日蓮宗身延山久遠寺の修行の在り方というのは、ここが面白いところですが、まるっきり日蓮の教えから外れたことをしているわけではないのです。彼らも日蓮の前後期でいうと、前期の方の教えを主体に取っているわけです。一方日興門流は後期の方の教えを取っています。問題は、日蓮聖人がこの違いをどう判断されたかということで、

「佐渡の国へながされ候ひし已前の法門は、ただ仏の爾前《にぜん》の経とをぼしめせ」

と言われたように、結論は明白です。

日蓮の秘中の秘の新しい仏教

そうすると、私達の行っていることは、「仏より後、迦葉・阿難・竜樹・天親・天台・妙楽・伝教・義真等の大論師・大人師は知りてしかも御心の中に秘せさせ給ひて」と言われたように、かつて誰もなし得なくて、日蓮が成し遂げた秘中の秘の新しい仏法を信仰しているということです。その意味で、日蓮の成し遂げたことの偉大さを私達は再認識しなければいけません。

日蓮が説かれたことは、お釈迦様は仏様、尊いし、尊敬するし、私達の本師だけれども、根本の本尊ではないということです。仏の別名を世尊といいますが、世尊とはまさに字のごとく世に尊いです。尊敬すべき、敬愛すべき我々の師であるということです。けれども、根本の本尊じゃない。

日蓮にとって、阿弥陀如来や薬師如来や大日如来から釈迦如来の方に目を向けるということは第一段階でした。したがって、日蓮は方便的に釈迦像を安置していました。日蓮の時代と背景を考えれば、そうするのが自然だったのです。しかし、日蓮には次の段階があります。釈迦は我々の本当の師、本師だけれども本尊ではないという第二段階の教えの部分です。

その意味からすると、「法を以って本となす」、「人は軽く法は重し」と言い、当時の仏教界を批判した日蓮の言葉は現在も意味を持っていると思います。

日蓮は、その二十九年間の布教活動の中で、当初釈迦を前面に押し立てて、法華経の布教を行っていました。考えてみれば、その方が布教的には好都合と思います。新たな法華宗を広めるとしても、釈迦像を本尊として安置した方が、抵抗が少ないと言えるでしょう。けれども、それはあくまで布教上の便法であって、最終目的ではありません。

ところが今日、日蓮宗においては、

「釈迦が根本ではなくて妙法が根本だ」

というと、釈迦を下すものとして激しい抵抗が起こります。

また、日蓮正宗においては、

「日蓮が本仏本尊ではない」

と言うと、宗祖を下すものとして、これまた激しい非難が起こります。釈迦が根本ではなくて妙法が根本だと言ったからと言って、釈迦を下したり、けなしたりしているわけではありません。また、日蓮が本仏本尊ではないといって、下したりけなしたりしているわけではないのです。

そういう意味で、今私達は日蓮の真意を再確認すべき時を迎えていると言えます。今日《こんにち》の日蓮門下最大の問題点です。

六十一　【講話】如来滅後五五百歳始観心本尊抄《にょらいめつごごごひゃくさいにはじむかんじんのほんぞんしょう》

天台大師智顗は、その著『摩訶止観《まかしかん》』第五巻において、人間の心には十の法界（世界）がある、それは仏界・菩薩界・縁覚界・声聞界・天界・人界・修羅界・畜生界・餓鬼界・地獄界の十である、この十の法界は互いに融通していて、一の法界に他の九の法界を具している。すなわち十界互具《じゅっかいごぐ》である。

そして一の法界はそれぞれ十如是を具している、更に、一法界には三種の世間をも具わっているので、都合三千の法界が私達の心にはあることになる。そしてこの三千の法界は、実は私達の心の一瞬の中に存している。人間に心というものが存在する以上、必ず存在するものである。これを一念三千と称すと説いた。

問う。教主釈迦如来は、見思・塵沙・無明の三惑を断じ尽くした仏であり、また十方世界の国主にして、かつ一切の菩薩、縁覚・声聞の二乗、人及び諸天等の主君である。八万の法蔵を演説して一切衆生を得脱させることができた。かくの如き仏陀が何を以って我等凡夫の己心に存していると言えるのか。

華厳経には、

「森羅万象のすべてを極め尽くして、煩悩を離れ、煩悩に染まってなきこと、あたかも澄み切った空の如し」

とあり、また、馬鳴《めみょう》菩薩の『大乗起信論』には、

「如来蔵の清浄の功徳のみあり」

等とあり、仏陀が衆生の性質の中に本来備わっている、また仏陀にも衆生の性質が本来備わっているという法華経と、これに反する法華経以前の経々と比較するに、彼の経々は多数ある。すると一仏二言ということになり、この場合、数の多い方に従うべきである。

また、馬鳴菩薩は付法蔵第十一にして仏記に名が残り、天台大師は辺鄙の小僧にして、仏教史にのこるような有名な論文は残していないし、伝わってもいない。誰が天台大師の所説を信ずることができるであろうか。

答う。観普賢菩薩行法経には、

「この大乗経典は諸仏の宝蔵であり、十方三世の諸仏の眼目である。かつ三世の諸の如来を出生する種である」

と説かれており、また法華経には、

「仏陀の一代聖教の根本にして、なおかつすべての教えを網羅する」いわゆる「具足の道」が説かれるが、まさに法華経に説かれる十界互具の所説は、他の経典の所説と比較してまさに「具足の道」と言えるものである。

したがって釈迦如来因行果徳の二法は妙法蓮華経の五字にそなわっているものである。我等がこの五字を受持すれば、自然に彼の因行果徳の功徳が譲り与えられるであろう。（「如来滅後五五百歳始観心本尊抄」）

【原文】「如来滅後五五百歳葉始観心本尊抄」（抄出）

『摩訶止観』第五に云はく、

夫《それ》一心に十法界《じっぽうかい》を具《ぐ》す。一法界に又十法界を具すれば百法界なり。一界に三十種の世間を具すれば、百法界に即ち三千種の世間を具す。世間と如是と一なり。開合の異なり。此の三千、一念の心に在《あ》り。若《も》し心無んば已《や》みなん。介爾《けに》も心有れば即ち三千を具す。……

問うて曰く、教主釈尊は此より堅固に之を秘す三惑已断《さんなくいだん》の仏なり。又十方世界の国主・一切の菩薩・二乗・人天等の主君なり。……八万法蔵を演説して一切衆生を得脱《とくだつ》せしむ。是くの如き仏陀何を以て我等凡夫の己心《こしん》に住せしめんや。……

華厳経に云はく、「究竟《くきょう》して虚妄《こもう》を離れ染無《ぜんな》きこと虚空《こくう》の如し」と。……馬鳴《めみょう》菩薩の起《き》信《しん》論に云はく、「如来蔵の中に清浄の功徳のみ有り」と。……爾前の経経と法華経と、之を校《きょう》量《りょう》するに彼の経経は無数なり。…一仏二言ならば彼に付くべし。

馬鳴菩薩は付法蔵第十一、仏記に之有り。…天台大師は辺鄙《へんぴ》の小僧にして一論をも宣べず。誰か之を信ぜん。

答えて曰く、……普賢経に云はく、「此の大乗経典は諸仏の宝蔵。十方三世の諸仏の眼目《がんもく》なり。乃至三世の諸《もろもろ》の如来を出生する種《たね》なり。」……法華経に云はく「具足の道を聞かんと欲す」等云々。

……釈尊の因行果徳の二法は妙法蓮華経の五字に具足す。我等此の五字を受持すれば、自然《じねん》に彼の因果の功徳を譲り与へ給ふ。

〈講話〉

最重要の御書—「立正安国論」と「観心本尊抄」

日蓮の生涯をたどると、千葉清澄寺にて道善房を師として、十六歳で得度した後、二十歳頃までは清澄寺や鎌倉で修行した後、二十歳代は比叡山延暦寺及び京都にて修行しています。京都に行きまして京都周辺の各寺院または奈良の各宗派の研鑽をされております。そして三十一歳の時に千葉清澄寺に帰りました。そして翌年、建長五年（一二五三）四月立宗宣言を行います。その後、鎌倉に出て、名越松葉ヶ谷《まつばがやつ》を拠点として布教をされました。

ここから日蓮の布教に関連する法難が始まることになります。日蓮は自身、大きな難で四つ。小さな法難は数えきれないくらいと記しています。そういう中でまた日蓮は、現在伝わっているだけで五百数十片の御書というものを書いております。五百数十片です。しかも、紙の少ない時代です。紙というものは非常に貴重な時代であるにもかかわらず、日蓮は五百数十片。短片をいれますと、千数十片になります。したがって最低でも千幾つの御書があったということになります。

その五百数十片ある御書の中でも最も大事なものが二つあります。一つは三十九歳、時の幕府の最高権力者である北条時頼《ほうじょうときより》（一二二七〜一二六三）に対して献上した「立正安国論」です。この御書は現在千葉県の中山法華経寺に残っております。この法華経寺にもう一つ重要な書物があります。それは、これからお話しする「観心本尊抄」です。

日蓮の御書の中で、三十代の御書である「立正安国論」、この書は日蓮の御書としては最も有名な御書ですけど、思想的な内容ということについては、日蓮の御書の中で最も深くて最も奥行きがあるといいますか、内容的に充実している御書は、「観心本尊抄」です。五十二歳の時の御書です。

日蓮はこの前々年、文永八年（一二七一）九月十二日、鎌倉の竜の口において、当時は、首を切る場所、つまり死刑を執行する場所ですが、幕府はそこで日蓮を斬首としたんだけれども、罪状が無い。つまり罪が無いのに切ろうとしたから切れなかった。それでも強引に切ろうとした時には、竜の口から程近いところに江ノ島という島があります。その江ノ島の方向から光り物がでて、切る役人がたじろぐというか、切れなかったということが伝わっておりますけれども、殺すことが出来ずに、結局佐渡に流した。

佐渡に流して一冬越します。佐渡において一冬を越すということが実は大変なんです。佐渡というのは、実際そこに住んでみないと分からないと思いますが、日蓮が留め置かれた「塚原の三昧堂」という所は、御書によると一間四面というふうに言われております。その一間四面の中で一冬を越します。これについて日蓮は、この地は人の住むには厳しいところとも言われていますが、それでもなんとか一冬を越します。

そしてあくる年の二月に「開目抄」という御書をしたためられています。この御書は、言葉を変えていいますと、二回目の立宗宣言というような御書になると思います。

言うまでもなく、一回目は建長五年（一二五三）四月二十八日です。これは三十二歳の時です。そして、「開目抄」という御書は、日蓮が佐渡に流されまして、一から出直しだ、といいますかゼロから出直しだ、というような、いわば二回目の立宗宣言の御書です。

そしてその次に書かれました御書が、この「観心本尊抄」です。このいわば二回目の立宗宣言に相当する「開目抄」の目的は「観心本尊抄」の前段階の御書ということになります。そして「観心本尊抄」の主目的は、本尊書写の理論の確立ということになります

佐渡流罪で変わる本尊――十界曼荼羅本尊の開顕

日蓮の場合、佐渡に流される以前と佐渡以後で、安置する本尊に相違があります。これに関しては、前項にて詳細に論じましたので、ここでは割愛します。前項を参考にしていただきたいと思います。

そこで、日蓮の佐渡流罪以降に焦点をあてて述べたいと思います。日蓮は、佐渡流罪を契機に劇的に本尊が変わります。すなわち十界曼陀羅本尊の開顕です。そしてその曼陀羅本尊の理論的裏付けの書が、この「観心本尊抄」、正式には「如来滅後五五百歳始観心本尊抄」ということになります。

この御書は真蹟が「立正安国論」と同様に中山法華経寺に保存されております。もちろん国の重要文化財でして、この御書も一年に一度一般に公開されることになっています。この御書は非常に難しい御書で、原文は漢文です。漢文を書き下し文にして一般に広まっておりますので、いくぶんかは読みやすくなっておりますが、もとは漢文です。日蓮自身のそれこ

そ胸にあるもの、頭にある全てを筆に託して書いていますから、非常に御書としては難しい御書です。そんな難解な御書ではありますけれども、できるだけ解りやすくお話いたしたいと思います。

しかし、時として言葉として難しい言葉があるかもしれませんが、大切なことは日蓮が何を言わんとしたかという一点にしぼって、お聞きいただきたいと思います。なおかつこの御書はかなり長い。その長い御書を重要な部分だけをピックアップして抄録してあります。そこに焦点を当ててお話したいと思います。

天台大師智顗の「一心に十法界あり」の教え

「観心本尊抄」の冒頭に、摩訶止観第五に云く「夫《それ》一心に十法界《じっぽうかい》を具《ぐ》す。一法界に又十法界を具すれば百法界なり」とあります。中国の天台宗の祖である天台大師智顗《ちぎ》（五三八〜五九七）は今から千五百年ほど前の方ですけれども、この天台大師が『摩訶止観』という書を残されております。この天台大師が法華経が仏教の根本であり、釈迦の教えの骨髄である。肝心である。従って全ての仏教経典はこの法華経を中心に考えなければいけないし、説かれなければいけないと法華宗を創りまして、初めて妙法蓮華経に帰依することを唱えられました。この天台大師の思想がもっとも端的に集約されて伝えられたのが、『摩訶止観』という書物です。他にもありますけれども、この書が天台大師の代表的な教えとなります。その『摩訶止観』は十巻ですが、その第五の巻に後世に非常大きな影響を与えた一文があります。その一文がこれから見ていきますところですけれども、一般に一念三千と言われております。

「夫れ一心に十法界を具す。」

私達の心には十の世界がある。一つの心、一瞬の心に、十の世界がある。一番下の世界は地獄の世界、地獄というのは苦しみです。苦しみだけの世界、それが地獄界。次の二番目が餓鬼の世界。餓鬼というのは飢える。三番目が畜生の世界。これは動物の世界です。四番目が修羅の世界。これは怒りです。そして五番目が人界。普通の人間の心。六番目が天界。天界というのは喜びに充ちている世界ということです。そして七番目は声聞界。声聞界というのは、一分の悟りをひらいた人です。八番目が縁覚界。縁覚というのは声聞よりさらに深い悟りをひらいた人の事をいいます。そして九番目が菩薩界。菩薩というのは自分だけではなくて他人も救済する。自分の救いだけではなくて、人にも救いの手を差し伸べる、そういう人を菩薩といいます。最後の十番目が絶対的な安心の境地である仏界です。

真実の教えは時間を超えて伝わる

この十の世界が我々には一瞬の心にあるということを初めて説いたのが天台大師です。それまでは、仏と衆生は違う世界に存在するということで、共通の世界に共存するということはなかったのです。中国の天台大師の時代にはもう一人非常に優れた人がおられました。嘉《か》祥大師《じょうだいし》吉蔵（五四九〜六二三）という三論宗の人がいたのですが、当時の中国では、非常に有名な人だったのですけれども、しかし天台大師の説に賛同はしていません。華厳宗や法相宗の高名な人達も賛同してはいません。天台大師のみが仏と衆生の世界を分けて考えなかったのです。

日本で有名なお寺というと、京都の清水寺、あるいは奈良の東大寺というお寺があります。東大寺は華厳宗、清水寺は法相宗です。ですが、東大寺が華厳宗、清水寺が法相宗であることを知っている人はおそらくほとんどいないだろうと思います。東大寺や清水寺が如何《いか》なる教えを説く寺なのか、ほとんどの人は知りません。

西遊記で有名な三蔵法師という人がいます。三蔵法師というのは実は、本名は玄奘《げんじょう》三蔵といいます。三蔵というのは、具体的には経蔵《きょうぞう》（お経）・律蔵《りつぞう》（仏教の戒と律）・論蔵《ろんぞう》（お経や律の注釈書）のことで、中国ではこの経・律・論の三蔵に精通し、仏典の翻訳（漢訳）に尽力した名僧を三蔵法師と尊称します。

その代表が玄奘三蔵で、玄奘が名前で、それに法師をつけて三蔵法師となりますが、この人も非常に立派な人として中国仏教の高僧と呼ばれています。この玄奘三蔵は法相宗の高僧です。法相宗の教えは本来的に仏と衆生との差別を説きます。我々には仏界はないし、仏には我々の性質はないと考えています。仏と衆生には本質的な差別があり、それぞれ別の世界に存していると考えます。

したがって、日本では天台大師智顗は有名ですが、当時の中国では天台大師の思想に共鳴する人達はむしろ少数派だったのです。天台宗すなわち法華宗は少数派だった。それが日本ではいつのまにか天台宗・法華宗は主要な宗派として広がっていきます。当時もっと名前が有名で多くの人が集まった高僧は大勢いました。けれども今日伝わっていない。わずかに我々のような僧侶が知っている。研究するうえで知っているわけです。中国の天台大師は少数派ではあったけれども今日大勢の人が知っている。名前だけでも知っている一念三千という教えも仏教に関係する人はみんな知っている。これが重要です。

真実の教えというのは時間を超えられる。時間を超えていく。その時点では少数かもしれない、その時点では少ないかもしれない。けれども時を超えていつか必ず広がっていく。それはもちろん人によって広がっていくのです。

それは法が尊きがゆえに広がっていきます。仏教界で仏と衆生は差別が無いと初めて断定的に説いた天台大師によって、私達衆生に成仏の道が開けました。始めて私達衆生も成仏できるとなったのです。

天台大師の革命的な教え—「一念三千」

この天台大師の説いたことは、仏教界においては革命的な教えになりました。そのことを象徴的に説かれたところが、この「一心に十法界を具す。」の文言です。私達の一瞬の心に十の世界がある。仏の世界から地獄の世界もある。それはどんな人にもある。実は仏にもあるんです。

更に、「一心に十法界を具す。」に留まらず、各一法界に、それぞれ十法界がある。すると一法界には百法界あるということになる。即ち「一法界に又十法界を具すれば百法界なり。」ということです。これに加えて一法界にそれぞれ十如是及び三種の世間—世間とは有り様のこと—が加わって「一界に三十種の世間を具すれば、百法界に即三千種の世間を具す。」ということになる。

仏界なら仏界、地獄界なら地獄界の一法界には、簡単にいうと一瞬の心に、三千もの世界の有り様がある。「この三千、一念の心に在り」です。この三千の世界が私達の一瞬の心に内在している。仏にも地獄がある。また地獄の衆生にも、仏の種があるということがこの一念三千の言わんとするところです。天台大師のこの言葉は非常に大きな影響を与えまして、天台大師はいろいろな教えを書き残していますが実のところ、ほんのこの三行に天台大師のすべての教えが集約されているといってよい。それほど、この言葉は大事です。

この一念三千の理論は非常に大きな影響を与えまして、後世にいろいろな論争を巻き起こします。仏に地獄の性質がある、逆に地獄界の衆生にも仏の種がある。ということは、仏も場合によっては地獄に落ちることもある。裏返せば、今地獄に落ちている人間でも、修行によっては成仏できますということです。仏も衆生も本質的には差別がない。この三行は、たったの三行ですが、そのことを説いています。

天台大師に対する当時の批判を集約

その上で、日蓮は次のような問い、即ち天台大師に対する諸々の批判に対して、それらを集約して次のようにまとめています。

「問うて曰く、教主釈尊は此より堅固に之を秘す三惑已断《さんなくいだん》の仏なり。」

三惑とは全ての煩悩です。煩悩というのは実は三種類に分けられます。三種類というのは、見思《けんじ》・塵沙《じんじゃ》・無明《むみょう》です。

このうち、一番目の見思の惑は見惑と思惑に分かれます。

見惑とは、現在でも使われますが邪見という言葉があります。偏見《へんけん》という言葉もあります。あるいは我見という言葉もあります。これは要するに見惑ということになります。誤った考え方、誤った見方、偏《かたよ》った見方というような意味です。我見、偏見、邪見、これは見です。この惑は真実を理解できないところから起こる煩悩です。迷いです。正しいものの見方ができないから、正しい考え方ができない。

次は思惑です。思というのは思うという字です。これはどういう迷いかといいますと、人間が生まれながらに持っている迷いのことです。これは例えば食欲・愛欲の類、いわば本能の欲望です。生理的な欲望です。人間が生まれながらに持っている煩悩。考えではどうにもならない煩悩です。空腹になれば何かを食べたい。愛する人や好きな人に対する煩悩、これを思惑といいます。いわば思考以前の煩悩と言えます。

次に二番目の煩悩を、塵沙《じんじゃ》の惑といいます。塵沙というのは砂ということです。人間というのはどんなに知識が増えても、知恵というものが無かったならばあまり意味が無い。砂の数ほど、星の数ほどどんなに知識が増えてもそれを使うだけの知恵というものが無かったらあんまり意味が無い。知識というものは増えたってしょうがないんだ。そこそこでいい。問題は知恵です。知識ばっかりを追って行く人、知識というのはどんなに増えたってあんまり意味はないことは無いけれども、それだけではしょうがない。知識というものはそれを有効的に使うということが無かったら意味があるとは言えません。だから知識ばかりを追っていく人、物事の解釈ばかりをして実行できない人、物は知っているけれども、あまり役に立っていない人、これはつまり塵沙の惑ということです。

三番目が無明という惑です。無明というのは、心に明るさがない、暗い、光が見えない。暗黒の心の状態をいいます。人間は生まれながらにして自分の中にどうにもならない暗いものを持っています。人間が生まれながらに持っているその暗さというものを無明といいます。人間というのは上《のぼ》り調子の時には勢いがある。けれども、ちょっと下りになってくると、先が真っ暗になってきます。どうしても自分で自分を暗くするという傾向があります。それは何故かというと、もともとそういうものを持っているからです。人間がもともと生まれながらにして持っている暗さというものがあります。それを無明といいまして、この三つの惑が、厳密には四つかも知れません。これらの全ての迷いを断ち切ったのが仏である。迷いの無いのが仏である。仏というのは、凡夫とは違う。煩悩が無い。

そして、日蓮は次のように問います。

「十方世界の国主・一切の菩薩・二乗・人天等の主君なり。八万法蔵を演説して一切衆生を得脱《とくだつ》せしむ。是くの如き仏陀、何を以て我等凡夫の己心《こしん》に住せしめんや。」

釈迦如来は、この世界の国主・一切の菩薩・二乗・人天等の主君である。なおかつ八万もの教えを説いて、全ての人を救う、そういう立派な人である。このような立派な仏は煩悩を断ち切った存在である。そういう立派な穢れのない仏というものが、どうして私たち凡夫の心

の中に存在すると言えるのか。当時の仏教界の多くがそう天台大師を批判した。その文証として、華厳経には、

「究竟《くきょう》して虚妄《こもう》を離れ染無《ぜんな》きこと虚空の如し」

と説かれている。

仏というのは究竟の存在、究竟というのは極め尽くすということです。真理を極め尽くし、かつ虚妄・妄想を離れた状態が仏である。また染というのは染まるということですが、仏にはその染まったものがない。濁りがない。晴天という言葉がありますが、ちょうど晴天のように曇りがない。それが仏である。華厳経ではそう説いている。

馬鳴菩薩と天台大師の立場の違い

また馬鳴菩薩は、『大乗起信論』という書の中で、次のように説いています。

「如来蔵の中に清浄の功徳のみ有り。」

仏というのは、仏そのものに備わっている清浄な功徳だけで満されているのであって、一点の曇りや、またその可能性もないし、それがあったら仏ではないと説いております。そして、

「爾前《にぜん》の経経と法華経と、之を校量《きょうりょう》するに、彼の経経は無数なり。……一仏二言ならば、

彼に付くべし。」

と、仏と衆生は違う。私達衆生と仏とは、その世界が根本的に異なり、仏と衆生は完全に隔絶している、ということが多くの経典・論集にたくさんある。一方、仏と衆生が本質的に差別が無いと説いているのは法華経のみである。ここにおいて、一仏二言即ち一人の仏が二つのことを説いている。その場合にどちらにするか、それは多い方につくのは当たり前ではないか。

仏と衆生は差別がある。我々は仏にはなれないし、仏も我々のような凡夫にはなれないし、世界が違う。華厳経に説くところ、また馬鳴菩薩の起信論の説、多くの経々に説くところに従うべきである、と天台大師を批判しました。

「馬鳴菩薩は付法蔵第十一、仏記に之有り。天台大師は辺鄙《へんぴ》の小僧にして一論をも宣べず。誰か之を信ぜん。」

ここが問題です。馬鳴菩薩という人は、釈迦以来の正当な血脈《けちみゃく》付法の第十一番目の高僧です。釈迦の血脈というのは、釈迦が入滅後、直弟子の阿難が教団の跡を継ぎます。これが第二祖です。それからずっと下って、第十一祖がこの馬鳴菩薩です。釈迦如来が定めた正当な仏教の血脈の法嗣です。一方、天台大師は中国の上海に近い天台山という山の僧でした。片や仏教の第十一祖であり、片方は中国の辺鄙な田舎の僧である。どちらを取るかと言え

ば、

「誰かこれを信ぜん。」

とあるように、どうして「これ（天台大師）を」信じられるのか。血脈付法の第十一祖の馬鳴菩薩が尊いに決まっているではないかと、いうことになります。

法華三部経の譬え

これに対して日蓮は「答えて曰く、普賢経に云く」と説きます。普賢経というのは、法華経は実は三部からなっています。一部目は無量義経という経典です。二部目が法華経です。三部目は観普賢菩薩行法経、略して普賢経です。相撲に譬えると、一部目の無量義経はちょうど露払いに当たります。二番目が主体であり横綱に当たる法華経、三部目の経は太刀持ちに当たります。先に露払いの無量義経。それから法華経、最後の締めの経典が観普賢菩薩行法経、略して普賢経。したがって法華経は三部経です。その普賢経に、

「此の大乗経典は諸仏の宝蔵、十方三世の諸仏の眼目なり。乃至、三世の諸《もろもろ》の如来を出生する種《たね》なり。……法華経に云はく、具足の道を聞かんと欲す」。

ここに言う大乗経典とは、法華経のことです。この法華経は、全ての仏の宝蔵だ。十方三世の諸仏の眼目である。全ての仏は過去も現在も未来も、この法華経より生まれている。法

華経の方便品に、「欲聞具足道《よくもんぐそくどう》」という一文があります。欲聞具足道というのは、書き下し文にしますと「具足の道を聞かんと欲す」となります。

具足の道の、具足とは釈迦の教え全てを網羅したもの、即ち具足です。備えている、網羅しているということで、もっといいますと釈迦の根本の教えという意味です。

法華経の教えの大きな特色は、釈迦の教えの根本は何かということを説いているということです。釈迦は何故にこういう教えを説くのか。なぜこういう教えが説けるのか。教えの大《おお》元《もと》です。その大元のところを「具足の道」という。

これは釈迦の言葉ではありません。弟子の舎利弗が釈迦に対して法を説くことを請うた言葉です。舎利弗が釈迦は種々の教えを説くけれども、その最も根本のところは何か。そう聞いたということです。釈迦は約五十年間布教をしましたが、五十年間布教の根本になっているものです。そこを教えてほしいと舎利弗は請うたのです。

「欲聞具足道《よくもんぐそくどう》」、この言葉は非常に重要な言葉です。日蓮の御書では、「開目抄」と「観心本尊抄」にでてきます。そしてその答えを、

「文の心は釈尊の因行果徳の二法は、妙法蓮華経の五字に具足す。」

と、先の普賢経や法華経で言わんとしていることはなにか。釈迦の因行果徳、因行というのは修行時代です。そして仏になってからの後の功徳、因行と果徳。すなわち釈迦の全てです。

修行時代を含め、仏になってから後の功徳も含め、その全ての二法は、妙法蓮華経の五字に具足する。妙法蓮華経が全てであり、釈迦はこの妙法蓮華経を悟ったがゆえに種々の教えを説き、いろいろな人に応じて説き、その時その時にいろいろな教えを説きます。けれども元は一つです。その元の所が、法華経でいうと具足の道、即ち妙法です。

たとえ天台大師が辺鄙な小僧であろうと、馬鳴菩薩が付法蔵の第十一祖であろうと、それが重要ではない。真実とは関係ないではないか。真実の言葉というのは、説く人がだれであろうと関係ないではないか。大事なのはその説いたものが真実か真実でないか、その一点につきます。釈迦の全ての教え・修行・功徳も妙法から生まれています。したがって私達は、

「我等此の五字を受持すれば、自然《じねん》に彼の因果の功徳を譲り与へたまふ。」

と私達はこの妙法蓮華経の五字を受持し、南無妙法蓮華経と唱えることによって、釈迦が修行し得たものを、自分自身が修行しなくても自然に釈迦如来から譲り受けることができる。なぜか、それは釈迦の全てが、妙法蓮華経を根本にしているからである。

妙法蓮華経こそ釈迦の大元の教え

つまり日蓮の言わんとするところは、釈迦の拠って立つ大元の教えである妙法蓮華経を私達一人一人が修行し、信仰することによって、釈迦と同等の功徳を、釈迦の行った修行すべ

てをすることもなく、譲り受けることができるということになります。まさしく末法における法華経の信仰修行と言えるものです。

仏と衆生は差別がない。
仏も衆生も元々同じです。
仏は妙法を修行して悟りをひらき、私達はまだ悟りをひらいていない。
しかし、妙法を唱えることによって、私達は自然に成仏することができる。

この法華経の教えというものは、
中国の天台大師が道を開き、
そして教えを衆生主体に確立したのが日蓮ということになります。
どちらも大変な非難を浴び、批判を浴びました。
けれどもそういう批判や非難というものは、
新しい時代を切り開く教えであれば、必ずあるもので、
まして正しいものを説こうとすれば間違いなく、起こることです。

また、天台大師は正しいことを修行したり、説こうとすれば、さまざまな障害が生ずるとも説いています。天台大師の言葉では、

「三障四魔紛然として、競い起こる」

と説いています。そういう意味からすると、個人の次元と、また社会の次元といろいろな次元において、種々批判があり、非難があり、法難があるのは正しいことの証明ではないかと思います。

そういう確信をもってこれからまた信仰に励んでいきたい。

それが私達の成仏への道ということになるのではなかろうか。

注①　三障四魔……三障とは仏道を修行する上で妨げとなる三種の障害、即ち煩悩障・業障・報障のこと。四魔とは、煩悩魔・陰魔・死魔・天子魔の四種。煩悩障・煩悩魔とは、煩悩より生ずる種々の障害。業障とは業によるところの障害、報障とは因果の報いによるところの障害。陰魔とは人間が生きていく上で起こる種々の苦悩、死魔とは死に対する恐れ。天子魔とは、人間の心の隙間に起こるところの災い。

六十二　【講話】徒然草と鎌倉新仏教

日蓮の教えの時代背景

日蓮の教えというものを、私達はややもすると日蓮一人の独創で、時代の状況に関わりなく生まれたものという認識になりがちです。しかし、日蓮の教えは、単に独自に閃《ひらめ》いて創ったという教理ではありません。時代の産物というか、そういう意味では、日蓮は時代の人です。その時代の中で、皆が考えていたことを、日蓮も訴えていったのです。その中で、現代まで残ったのが、日蓮の思想ということになります。日蓮と同じような思想を持っていた人は、他にもおりましたが、そういう方達は、歴史に残っていません。

また、同じとまではいきませんが、似たようなことを言い、書き残したという人は、たくさんおります。しかし、そういう方の多くは、歴史の中に消えていってしまいました。一方、法然・親鸞・道元という鎌倉新仏教の創始者達は、日蓮とは全く違ったものを求めていました。

今日、日本仏教の中で、一番多いのが、法華経の信仰者です。五人に二人は何らかの形で南無妙法蓮華経を唱えたり、関わったりしている人達です。次が念仏宗、法然・親鸞の系統です。その次が禅宗、道元・栄西の系統です。一休さんや良寛さんというのは、有名ですが、この人たちは禅宗です。その次が真言宗、天台宗と続きます。いまでは天台宗は、嘗ての巨大な教団からすると、小規模になりましたが、法華系の祖師日蓮、そして法然や親鸞、栄西・道元という各宗祖たちは、天台宗即ち、比叡山延暦寺の出身者です。

比叡山延暦寺は天台宗の総本山ですが、宗祖は伝教大師最澄です。実は、伝教大師は天台宗を開くにあたって、朝廷に提出した自筆の建白書には「天台法華宗」と書いています。しかし、いまでは誰も言いません。天台宗の人も言いません。それは、法華経と言うと日蓮となってしまったからです。だから、法華宗というと、日蓮宗の一派と混同されてしまうので、やめてしまったのです。

末法思想と鎌倉新仏教の祖師たち

日本仏教では永承七年(一〇五二)、仏教的末世観である末法思想によって、末法に入ります。これによって、平安時代の終わりから鎌倉時代にかけて、仏教思想家たちはいろいろなことを模索しました。そして特に天台宗の僧侶達が、新しい宗教思想の母体となります。もともと天台宗には、新しい時代に対応した新しい宗教が必要だという考えがありました。その意識は、この時代の人たちだけではなく、もっと以前の宗祖伝教大師最澄自身が既にもっていたのです。これからの宗教、仏教は新しくなっていかなくてはいけない、時代に即応し、その時代の人々を救う、そういう教えでなくてはいけないし、どんどん改革していくのだ、と考えた立派な僧でした。この方と、並ぶのが空海という僧です。どちらかというと、現代では空海のほうが有名ですが、しかし、日本で一番最初に大師と呼ばれた方は最澄です。この最澄が、日本の仏教に一番、影響を与えたことは間違いありません。

伝教大師最澄は、従来の仏教をどんどん変えていこうとした方でした。それで、日本に中国の天台大師智顗《ちぎ》の考え方を弘めようということで、日本に法華経の教えを弘め、天台法華宗を創設いたしました。残念ながら、現在では、その伝教大師の理想とした法華経を最高の経典とした教えの宗派であるという名残りはかなり消えました。法華経も他の経典と同等の経典という位置付けで、かつての法華宗の名前だけが残っているという状況で、お寺は大きくて、参拝者は多いのですが、信仰的には決して盛んであるとはいえないような宗派になってしまいました。

ところが、日蓮を始め、法然・親鸞・道元も皆、ここから出ているのです。ということは、この宗派は、この新しい息吹というものを当時は持っていた。また、日蓮と同じような思想を持っていた人が、この宗派に多くいたということです。その中で、この法華経の教えを弘めた方の中では日蓮だけしか、現在では名前が残っていない。もちろん、調べればあります。あるけれども、一般には、残っていない。で、研究者が日蓮の時代の思想背景を知ろうと思ったら、当時の天台宗の人たちが何を考え、何をしようとしていたかということを研究するわけですが、そうすると、日蓮と同じようなことを求めていた人たちがたくさんいたことを知ります。ただ、残念ながら、実を結んだのは、日蓮だけということになります。しかし、日蓮だけが、新しい法華宗というものを求めたのではないということを、お話ししておきたいと思います。

天台宗の山田恵諦座主の言葉──専門店と百貨店

さて、この天台宗というのは、面白い宗派でして、「朝題目に夕念仏」と言いまして、朝は法華経を読み、南無妙法蓮華経と唱え、夕方になりますと、阿弥陀経を読み、南無阿弥陀仏というわけです。朝晩の修行がそうなのです。さて昼は何をするかといいますと、座禅や密教その他種々の修行をするのです。

つまり、天台宗というのは、朝は法華経、昼は座禅等、夜は念仏という、この三つをするのです。それぞれ、これを独立した信仰修行にしたのが、日蓮であるし、道元・法然・親鸞ということになります。ですから、この三つを合わせたのが、天台宗ということです。

かつて当時百歳近かった山田恵諦座主《ざす》の言葉に、「日蓮宗も、禅宗も、念仏宗も、いわば専門店で、天台宗は百貨店」というのがあります。デパートですね、要するに。天台宗とは、日蓮宗や禅宗、念仏宗のこれらを合わせたものということです。そして、それらの一つ一つが分離していったのが、鎌倉新仏教だと理解すればいいと思います。そして、それは当時の天台宗では駄目だという考えがなければ、そういうことにはなりません。

『徒然草』の「自賛の段」の国文学的理解

そこで、『徒然草』の最終段である通称「自賛の段」を取り上げてみたいと思います。これをみると、当時の人々の問題意識というものがわかります。この段は、私は高校生の時に教わったことがあり、またその後、大学院の時に、教授から面白い話を聞きました。それは、以下のような話です。

この教授が国文学の教授から、『徒然草』のこの段について論文を書いて欲しいと頼まれたそうなのです。なぜかといいますと、国文学では、この段が全然理解できないらしいのです。ということは、つまり、『徒然草』が国文学では理解できないということとなります。なぜかというと、この段は『徒然草』の最終段であるにもかかわらず、最終段としては今一つしっくりこないということらしいのです。

その理由として、国文学というのは宗教抜きで理解しようとします。ところが、文学としてのみ『徒然草』を見ては限界がある。それで、宗教、法華経の知識のない人が読んでも、『徒然草』の真意がどうも伝わってこない。

結局のところ、何を言いたいのかわからない、という頼みに、私の先生が言うには、仏教の知識なくしてそれはわからないでしょう、それも法華経がわからないと、理解できないでしょうと答えたそうです。当時の思想家たちは、この問題を共通の問題とし、模索していたということでしょう。実は、日蓮も同じです。同じところに問題意識を持っていたと私は考えています。

この『徒然草』は、作者は吉田兼好（一二八三〜一三五二?）で、一三三一年四十八歳の時に書かれたもので、日本の三大随筆の一つです。三大随筆は、一番古いのは、清少納言（平安時代の和漢の学に通じた才女。生没年不詳）の『枕草子』、鴨長明（鎌倉前期の歌人。一一五五〜一二一六）の『方丈記』とこの『徒然草』の三つです。そして今の国文学では、この段は最後の段で自賛の段と解釈されています。自分で自分を誉めるという意味ですが、実のところこれぐらいしか、理解できていないということです。

『徒然草』第二百四十三段（自賛の段）

八つになりし年、父に問ひて言はく、「仏は如何なるものにか候ふらん」といふ。父が言はく、「仏には人のなりたるなり」と。又問ふ、「人は何として仏には成り候ふやらん」と。父又、「仏の教へによりてなるなり」と答ふ。又問ふ、「教へ候ひける仏をば、なにが教へ候ひける」と。又答ふ、「それも又、さきの仏の教へによりて成り給ふなり」と。又問ふ、「その教へ始め候ひける第一の仏は、如何なる仏にか候ひける」といふ時、父、「空よりやふりけん、土よりやわきけん」といひて、笑ふ。「問ひつめられて、え答へずなり侍りつ」と、諸人に語りて興じき。

【通釈】

八歳になった年に、父に尋ねて、「仏とは、どんなものでしょうか」と言った。父は答えて、「仏には人間がなっているのだ」と言った。また尋ねて、「人間はどうやって仏になるのでしょうか」と聞いた。父はまた、「仏の教えによってなるのである」と答えた。そこで、また尋ねて、「その教えました仏をば、何ものが教えたのでしょうか」と聞いた。父はまた、「それもまた、前の仏の教えによって、仏に成ったのである」と答えた。そこで、また尋ねて、「その教えを始めなされた最初の仏は、どのような仏でしょうか」と言うとき、父は、「天から降って来たのであろうか、土から湧いて来たのであろうか」と言って、笑った。「問い詰められて、答えられなくなってしまいました」と、父は人々に語って面白がった。

『徒然草』「自賛の段」の仏教的理解

次に平易な現代語訳をもとに、仏教的理解を試してみます。

吉田兼好自身が八つの時に、お父さんに、

「仏とは、いったいどんなものですか」

と聞いたのです。お父さんは、

「仏というのは、人間がなったものだ」

と答えた。そこで兼好が、続けて、

「人間は、どうしたら、仏になったのですか」

と尋ねた。すると、お父さんは、

「仏になった人は、その前の仏に教えを受けてなったのだ」

と答えた。そこで、また兼好が尋ねた。

「その教えたという仏は、どうやって仏になったのですか」。

父はまた、

「それもまた、前の仏の教えによって、仏になったのだ」

と言ったんです。そこで、

「その教え始めた、最初の仏は、どういう仏なのですか」。

父は、「天から降って来たのであろうか、土から湧いて来たのであろうか」

と答えに窮したという話で、話自体は非常に単純なものなのです。問題は、この段が『徒然草』の最後の段であり、これが単純に自賛の段と考えるのはどうも、しっくりこないということなのです。

だけども、他に理解のしようがないので、とりあえずこうしているのですということで、こういうことから、私の先生の所に意見を求めてきたということなのですが、その話しを聞いて、私もアレッと思いました。これは、今の私たちの問題意識と同じだと思ったのです。日蓮をはじめ、当時の革新的な人たちは、皆この最初の仏は何かということを考えていたのですね。

結局、兼好法師の言いたいのは、自分がこうやって父親をやっつけたということではないと思うのです。八歳の時にすでにそういう疑問も持っていた、しかも、未だにその疑問が解けないということではないかと思うのです。結論が出ない、まだこれからだということを言いたいのではないでしょうか。

つまり、自分はまだ本当の悟りを得ていない、ということを言っているように見えます。でも国文学では、そこがわからないのですね。私は父親をやっつけるほどに頭がいいという話しではなく、悟りが得られず、まだ修行途中だという話と私は理解します。

当時の最重要課題──仏の根本とは何か？

日蓮は、これより五十年ほど前の方ですが、当時、仏教界ではこうした問題、即ち仏の根本とは何か。これが問題でした。この時代は、仏教的末世である末法という時代です。そういう中で、衆生救済の方法は何か。これが新しい仏教のあり方を模索していた僧侶達にとっては、最重要な課題でした。

そういう中で法然は、問題の解決はさておいて、阿弥陀仏に絶対的に帰依していこうとしたわけです。道元は、仏は座禅によって悟りを得たのだから、その型を真似たら悟りを得られるのではないかと、形から入って禅宗を始めたと思います。日蓮は、仏の根本は何か、仏の仏たる所以《ゆえん》を明らめ、それを得るこれができれば、私達も仏になれるのではないだろうかという結論に達したと考えられます。

いずれにしても、当時非常に重要な問題、それが、仏の根本とは何かだったということになります。『徒然草』最終段である「自賛の段」は、この問題に触れていると私は思うのです。

そして、日蓮の答えは、仏の根本とは仏ではなく、法・真理を悟ったのが仏であるということです。それを題目にして南無妙法蓮華経です。南無というのは、信じますということ。蓮華は妙法の譬え。経は教え。つまり、私は妙法の教えを信じますということです。この妙とは修飾語ですから、実質は法を信じますとなります。つまり、日蓮は仏の悟ったものを私達も悟ればいいのではないかと考えたということです。

最初の仏を求めて、前の仏を探し、追求しても、きりがない。それよりも、仏が悟った法をいただいたほうがいい。経にも、依法不依人《えほうふえにん》と「法に依って、人に依らず」とありますように、人ではなく、法に依りなさいとあります。それが日蓮の答えであり、教えということになります。

日蓮の教えと親鸞の教えの比較

そこで、日蓮の教えをわかりやすいところで、親鸞と比較いたしますと、この親鸞は、逆に依人不依法《えにんふえほう》、すなわち「人に依って法に依らず」です。代表的な著作である『歎異抄《たんにしょう》』で比較してみたいと思います。云く、念仏は、まことに、浄土に生《むま》るる種子《たね》にてや侍《はんべ》るらん、また、地獄に落《お》つべき業《ごふ》にてや侍《はんべ》るらん、総じてもて存知《ぞんち》せざるなり。たとひ、法然聖人に賺《すか》され参《まひ》らせて、念仏して地獄に落《お》ちたりとも、さらに後悔すべからず候ふ。その故は、自余《じょ》の行《ぎょう》を励みて仏《ぶっ》に成るべかりける身《み》が、念仏を申して地獄にも落ちて候はばこそ、賺《すか》され奉りてといふ後悔も候はめ、いづれの行もおよび難《がた》き身なれば、とても、地獄は、一定《いちじょう》、住処《すみか》ぞかし。

(『歎異抄《たんにしょう》』二)

【通釈】

念仏は、本当に浄土に往生するもととなるものでしょうか、あるいは、地獄に落ちる行《ぎょう》でしょうか、まったく私は心得ておりません。たとえ、法然聖人にだまされて、念仏によって地獄に落ちてしまっても、少しも後悔いたしません。なぜかといえば、念仏以外の修行を励んで仏に成るはずであった私が、念仏によって地獄に落ちるのであれば、だまされたという後悔もあるでしょう。けれども、どんな修行によっても成仏できない私ですから、どうせ地獄こそ私のすみかなのです。

次に平易な現代語訳を示します。

念仏は往生・成仏の道かどうか、それとも地獄に行く道であるか、ないか、私にはまったくわからない。たとえ、師匠である法然上人に騙《だま》されて、念仏によって地獄に行こうが、決して後悔はしませんというわけですね。

なぜなら、自分が念仏以外の修行で仏になるはずであったなら、つまり自分に仏になれるという希望があったなら、法然についていって、騙されたという後悔はあるけれども、そうではなく、どんな修行をしても地獄へ行くのだから、法然に騙されて地獄に行っても、いいではないかというわけです。

ある意味で、これはこわいです。赤信号みんなで渡ればこわくないではありませんが、師というものに多大な力量が要求される教えです。

更に念仏はいいかどうかわからないけれども、どうせ地獄へ行くなら、いいじゃないかとも言っているのです。自信も、明るい未来への確信もない、どちらかといえば暗く、希望がありません。

しかし、すさまじいまでの法然信仰です。

いわば人間の弱さに立脚する宗教、これが念仏の本質です。これは究極の依人不依法《えにんふえほう》です。

ある意味で、ここまで信じ切れる師がいれば、考え方によっては、その人は是非はともかく幸せかも知れません。ところで、面白いことに、今の知識人の中では、この親鸞の評価は高いです。逆に日蓮の評価は低い。それは、親鸞は自分の心の弱さというものを赤裸々に述べています。知識人というのはそれを好むくせがあります。

ところが、日蓮は、このような心の弱さを告白するような雰囲気は全くありません。確信と信念で一貫し、強気ですからあまり知識人には好かれません。知識人は逆に弱気を喜ぶ傾向があります。

「十字御書」にみる日蓮の教え—私たちの心の中に仏がいる

そこで、日蓮の教えを「十字御書《むしもち》」を通してみてみます。

地獄と仏とは、いづれの所に候ぞとたづね候へば、或は地の下と申す経もあり、或は西方等と申す経も候。しかれども委細にたづね候へば、我等が五尺の身の内に候とみへて候……。

我等凡夫は、まつげのちかきと、虚空の遠きとは見候事なし。我等が心の内に、仏はをわしましけるを知り候はざりけるぞ……。

わざわいは口より出でて身をやぶる。さいわいは、心よりいでて我をかざる。
法華経を信ずる人はさいわいを万里の外よりあつむべし。（「十字御書《むしもち》」）

【通釈】

地獄と仏とは、どこにあるのかといえば、経典には大地の下や、西の方というのもある。しかし、よく考えると、私達の生きている体の中にある。私達は、自分のまつげと遠くの虚空が見えないように、私達の心の中に仏がいるということがわからない。失敗するのは自分が原因であって、幸せもそうだ。法華経を信じる人には、幸せは万里の外より集まるものだ。

地獄と仏はどこにいるのかといえば、経典によっては、大地の下や、念仏宗がいうように西の方というのもある。しかし、よく考えると、地獄も仏も、この私たちの生きている体の中にある。死んでから行くのでもない。生きている、現実のこの自分の中に地獄も、仏もある。

私たちは、自分の睫《まつげ》と遠くの虚空が見えないように、自分の心の中が一番わからない。それが人間だ。私たちの心の中に仏がいるということがわからず、ために他の仏を求め、迷い、他力になってしまう。この世の中で頼れるものは最終的には自分しかないのだということを迷ってしまい、他を探して迷っている。救われようと、心の旅に出るわけです。何故かというと、自分を捨てているからです。

ややもすると、私たちは、自分自身に対する責任を取りたくないのですが、しかし、失敗するのも結局のところ自分自身が原因であって、自分自身にそれが還ってくるだけです。幸せも同じこと。自分の心の赴《おもむ》くところの結果です。

そういうことですから、自分自身の人生を有意義な人生にしようと思えば、まず自分自身の心から始める。何かを変えようと思えば、まず自分自身が変わることによって、それから周りが変わっていくということになります。他の人に自分の人生を預け切ってしまうのではなく、自己を確立して生きていく。

宗教的には、遠くの仏や神を信じるのではなく、法を、真理を信じ、自己を信じ、貴び、大事にする人は、必ず幸せになるということです。

人間の弱さを追及する親鸞と、強さと未来に希望を持たせる日蓮の教え

これは、さきほどの親鸞とだいぶ違います。人間の弱さを追求するのが親鸞とすると、日蓮は強さを追求する教えといえるでしょう。とても、明るい宗教であると私は思います。法

華経の教えと念仏系の教えとは、これほどに天と地との差ほどあります。未来に希望を持たせるのが宗教家の役割です。しかし、こういう教えは、残念ながら知識人といわれる人々にはあまり好まれません。むしろ、人間の弱い面を出すほうが好まれるのですが、しかし、私はそのような教えでは、本当の意味で、はたして、人は救われるのか。気休めや慰めにはなるかもしれません。私は、知識人たちは、本末転倒していると思います。

また今日、日蓮は誤解されていると思います。今日では日蓮は排他的で、好戦的とイメージされています。日蓮系新興宗教によるところが大きいのですが、こういったイメージが日蓮の足を引っ張っていると思います。

さて、日蓮の教えには、二つの特徴があります。一つは末法無仏ということ。簡単にいえば、末法においては、仏の教えは形骸化し、風化して、仏に頼りきってはいけない。頼りになるのは自分だけだということ。仏に救われるのではない。仏になるということです。救われることを待つのではなく、自分自身が支えであり、自分自身が自分を救う、私達にはその力があるということ。

もう一つは、依法不依人《えほうふえにん》。仏によって救われるのではなく、仏の悟った教え・真理を自覚して救われるのだということです。ですから、日蓮の教えは、非常に単純で、素朴です。自分を信じて、そして真実を信じるという教えです。これは誰もが出来ます。子供でも、年寄りでも、男女も関係ありません。そして、未来に、人生に希望を持って生きて行けます。人生に希望がないというのは辛《つら》い。最後は、必ず死ぬわけですから、これは、真実です。生きているというのは、死に向かって一歩一歩近づくということです。

そうであるならば、いかにこの生きている瞬間を大事にし、充実するか、それが、宗教の使命です。なおかつ、そういう教えに巡り合えたら、日蓮の言葉ではないですが、「幸いを万里の外より集むべし」です。この人生をどうせなら素晴らしい人生にしていきたいと思います。

くり返しますが、日蓮の教えは、二つです。

頼るものは何もない。法と自分が根本であり、よりどころであるということ。

そして、釈迦や日蓮を絶対化して信ずるのではない。

釈迦や日蓮の説いたものを信じるのです。

問題は、いかに実践するかということです。

人間の弱さを克服するのが宗教です。

ともにそういう人間になっていくよう修行していければ、人生にはすばらしい未来が待っていると思います。

六十三　【講話】信の宗教

信の宗教と行の宗教

信仰において、信心と修行は大きな意味を持っています。

いかなる宗教も、信だけとか、あるいは行だけしか存在しないという宗教はありません。信と行は宗教の大きな柱と言っていいと思います。ただし、そのどちらに力点があるかという問題は存在します。そういう意味では、宗教は、信の宗教と、行の宗教とに大きく二つに分かれると思います。

信の宗教とは、信が主、行が従ということで、信に力点をおいた行という考え方をする宗教であり、逆に行の宗教とは、行が主、信が従ということで、行に力点を置いた信という考え方をする宗教であるということです。

ということは、信に力点をおいた行という考え方をする宗教と、行に力点を置いた信という考え方をする宗教では、自ずと信や行の持つ意味というものも異なるということになります。それぞれを図にすると、

信の宗教……信を根幹とし、行はその表現
行の宗教……行を根幹とし、信はそのはじまり

のようになると思います。

そして、信の宗教においては、行とは、宗教的な修行だけでなく、生活すべて、すなわち朝起きてから夜寝るまでのすべての行いが修行となるということです。

本門法華堂の理念は信に力点を置く

私は、昭和六十二年（一九八七）十月、本門法華堂を設立するに当たって、

「仏の信仰ではなく、法の信仰を取る。ということは、成道は行にあるのではなく、また学にあるのでもない。信の中にあるということ。即ち、末法の成道は、衆生が法を受持したその中にあるということである。」（綱領主旨）

と、成仏の根幹は信であって、行ではないとしました。つまり、行より信に力点を置いています。そういう意味で、法華堂は信の宗教を目指しています。ただしこれは、行をまったく必要としないという意味ではなく、前述のごとく、行より信に力点が置かれているという意味です。

したがって、綱領の言わんとするところは、成仏の根幹を行に見出すのではなく、信に見

出すということです。本門法華堂の勤行は、方便品・寿量品・題目の一座を基本としていますが、この勤行形態は、以上のような理念の元で行われています。

一座の勤行形態は、五回も同じことを繰り返す必要がないと考えたからです。違うことをするのであれば、必要があるかもしれませんが、同じことの繰り返しですから、一座で十分です。現在の日蓮正宗系の勤行は五座行っていますが、これは大石寺の各堂で元々別個に勤行していたものを、一ヶ所で行うようにしたため、五座するようになったもので、法門的に重要な意味があるわけではありません。ただし、朝の勤行に関しては、朝天供養として、別に一座を設けても、良いようにしています。

ところで、この行より信に力点を置くという理念は、もちろん宗祖日蓮の教えからきています。日蓮が、行より信に力点を置いているからです。その日蓮の教えとは、「四信五品抄」の、

問ふ、末法に入って初心の行者必ず円の三学を具するや失《いな》や。答へて曰く、……仏正しく戒定《かいじょう》の二法を制止して、一向に慧の一分に限る。慧又堪へざれば、信を以て慧に代ふ。信の一字を詮と為す。（「四信五品抄」）

の文です。ここで、日蓮は、戒律や禅定という修行は必要なく、智慧の一分が必要であり、具体的には、信を以って、私達は成仏すると説いています。

このことからわかることは、日蓮の教えは、信を以って成仏するということを根本理念とし、その根本理念に基づいて修行するというものです。この考え方から日蓮は、法華経全部の読誦というものを否定しています。同じく「四信五品抄」には、

専ら題目を持ちて、余文を雑《まじ》へず。尚一経の読誦だも許さず。（「四信五品抄」）

とまで、言い切っています。こうしたことから、日蓮は法華経を以って、成仏へ導く経典とされましたが、成仏そのものは法華経の題目にあるという考えであることがわかります。

二品読誦の問題と解説

一方で、日蓮正宗及び日蓮正宗系には宗祖日蓮の時代からの伝承として、二品読誦が伝わって来ています。私達が毎日の勤行で読誦する法華経方便品第二と如来寿量品第十六が、それです。すると、宗祖日蓮は「専ら題目を持ちて」と説かれているにもかかわらず、私達は、実際には方便品・寿量品の二品読誦と題目を唱えています。これはどういうことでしょう。

一見すると、矛盾しています。

本門法華堂においても、

「成仏は信にあるのであって、行にあるのではない」

と謳っています。けれども、法華堂においても、やはり勤行においては、二品読誦と唱題で

す。これも矛盾しているかに見えます。宗祖日蓮と同様にです。

そこでこの問題を整理すると、
①なぜ、法華経全部を読誦しないのか
②なぜ、方便品・寿量品の二品なのか
③方便品・寿量品と題目の関係は
に集約されますので、この三点から考えてみたいと思います。


まず、「①なぜ、法華経全部を読誦しないのか」について述べます。

この問題は、日蓮教学においても、古来論争の絶えないところですが、結論は簡単です。日蓮の教えが、信の宗教であり、行はあくまで信の表現であり、補助的なものという観点から、法華経の全部を読誦する必要性を認めないからです。また、法華経をすべて読誦するということは、極端なことをいうと、だれもが・いつでも・どこでも信仰できないということがあります。そして、日蓮も法華経全部を読誦する必要がないと、説かれているからです。

次ぎに、「②なぜ、方便品・寿量品の二品だけを読誦するのか」についてです。

法華経には、いくつか非常に重要な教えがありますが、その中でも、二つの教えが特に重要です。一つは、釈迦の直弟子である舎利弗や目連などの成仏、これを法華経では二乗作仏《にじょうさぶつ》といいます。二つ目は、仏はインド生誕の釈迦だけが仏なのではなく、すでに遠い過去において仏が存在するのであって、しかも最初の仏は法を悟って仏になったという点です。これを久遠実成《くおんじつじょう》といいます。そして、この二つの重要なことがら、すなわち二乗作仏は方便品、久遠実成は寿量品において説かれているからです。このことから、日蓮正宗系においては、宗祖日蓮以来の伝統として、方便品・寿量品の二品だけを読誦するのです。

次ぎに、「③方便品・寿量品と題目の関係は」についてです。

日蓮正宗系においては、第二十六世日寛が正行と助行という考え方を用いて説明しています。正行とは成仏に直結する修行、助行は正行を助ける補助的な修行ということです。

日蓮正宗及び日蓮正宗系は日蓮を宗祖とし、直弟子日興を派祖とする門流で、古来富士門流、あるいは日興門流と称されている門流の、中核をなす教団の一つですが、古記録においても、勤行の特色として、

1、題目が中心をなす。

2、法華経すべては読誦しない。

3、法華経の内、方便品・寿量品の二品読誦を行う。

が挙げられます。この勤行形態の意味付けを、日寛は正助二行の考え方で説明したのですが、妥当な説明と思います。図にすると、左記のようになります。

正行……題目　《成仏に直結する修行》

助行……方便品・寿量品読誦　《正行を助け補助する修行》

本迹二門の問題と解説

法華堂の名称は、その正式な名称を本門法華堂といいますが、この本門とは法華経の本迹二門に由来しています。本迹二門とは、法華経の本門と迹門ということです。法華経は全部で二十八品から成り立っています。品とは章ということで、現代流にいえば、二十八章となります。このうち前半の十四品を迹門、後半十四品を本門といいます。なぜこのように前半と後半を分けたのかといいますと、前半と後半では、説く内容に根本的な違いが認められるからです。

その違いとは、簡単にいえば、だれのために説かれたかということです。

迹門は、その対象が長年釈迦に付き従い、釈迦の教えを直接聞いて修行した直弟子たち、すなわち舎利弗・目連・迦葉などが成仏に至るための教えであり、これに対して、本門は未来の成仏を求める人々のために説かれた教えです。

したがって、同じ法華経といっても、その救済の対象が違いますから、究極的には同じことを説いていても、表面上は違いが認められるのです。そして、この本門の立場に立って法華経を信仰修行する場合と、迹門の立場で信仰修行する場合とでは、自ずとそこに違いがみられます。

日蓮は、自身の教えを本門に立脚すると説いています。そして、末法における修行の要諦に三つありとして、本門の本尊・本門の戒壇・本門の題目と説かれています。ここから日蓮の修行の要諦を三大秘法と称しています。これでわかるように、日蓮の教えが基本的に本門に立脚していることは明らかです。

すると、ここにまた疑問が生じてくると思います。その一つ目は、なぜ題目以外に立脚していない迹門の方便品を読誦するのか、次に二つ目、なぜ本門に立脚しながら寿量品しか読誦しないのか、の二点です。先に、方便品を読誦する理由について、方便品に二乗作仏が説かれているからといいましたが、これについてもう少し詳しく述べてみたいと思います。

迹門の方便品を重視する理由—舎利弗の目覚めと二乗作仏

二乗作仏とは、釈迦の弟子でありながら仏になることを自ら断念している舎利弗始め目連・迦葉などが自らの仏性に目覚め、成仏を目指し、最終的に仏になることをいいます。二乗とは、二つの乗り物という意味で、大乗仏教では修行者を分類して、仏の声（教え）を聞いて修行する人を声聞乗、仏の声を聞くことなく自ら縁によって覚《さと》りを得るため一人で修行する人を縁覚乗と言います。この声聞・縁覚の二乗は、法華経以前においては、自ら仏になることを断念し、自らの小さな覚りに固執して、大きな覚りを目指そうとしないため、二乗不作仏と言われ、批判の対象になっていました。

その二乗の一人であり、それまで仏になることを諦めていた舎利弗が、この方便品において、自分も釈迦のように仏になれるのだと自覚し、この様子を見ていた他の弟子たちも、舎利弗に可能なことが自分たちにも可能でないわけがないということで、信解品以下において他の弟子たちも続々と自己の仏性に目覚めていきます。これを二乗作仏と言います。

この二乗作仏で最初に登場する舎利弗は、釈迦以外で自らを仏たりうると自覚した最初の人物であり、舎利弗が自己の仏性に目覚めるきっかけとなる釈迦の説法が方便品なのです。こういうことから法華経では、方便品は特別な意味を持っています。衆生の代表である舎利弗が仏の自覚に目覚める方便品であるがゆえに、日蓮はその基本的姿勢を本門に立脚しているとしても、この方便品を重要視していました。ここから舎利弗以下目連・迦葉達の成仏への道のりを参考にするために読誦するのです。

題目の意味を助ける寿量品の重要性

次に、なぜ本門に立脚するにもかかわらず、寿量品以外は読誦しないのか。

法華経二十八品の中で、本門は後半十四品です。日蓮にとって、本門はその立脚する基盤ではあります。ですが、日蓮は本門十四品すべてを重要視しているわけではないのです。代表的なのが、観世音菩薩普門品第二十五、通称観音経と称される観音品です。日蓮はこの観音品をまったく無視しています。

天台宗では、この観音品を法華経から取り出して、単独の経典として観音経としているほどなのですが、日蓮にとってはまったく意味をなさないもののようです。また、陀羅尼品第二十六なども観音品と同じくあまり重要視されていません。

この観音品に象徴されるように、たとえ法華経の本門に属していても、だからといって、それだけで意味をなすとは考えていないのです。

実は、日蓮にとって、もっとも重要なのは南無妙法蓮華経の題目であって、この題目の意味を助けるための方便品・寿量品の読誦なのです。したがって、本門であっても、そのすべてを読誦する必要がないのです。寿量品以外にも本門には、重要な品もあるのですが、それらの品で説かれる重要なことも含めて、本門の代表として寿量品に本門の指向するところすべてを託しているのです。

こういうことから、題目の意味を助ける度合いの多少によって、法華経の中でも、この方便品・寿量品がずば抜けているので、この二品を読誦しているのです。方便品は迹門の代表、寿量品は本門の代表です。この場合、方便品と寿量品とでは、重要度の度合いはもちろん異なります。

たとえが相応しいか別として、私は、末法において衆生を救う主役は題目であり、その題目の父母が寿量品であると考えています。寿量品があって題目が成り立つ、あるいは題目の出自、それが寿量品である。そういう関係だと思うのです。そして、方便品は祖父母にあたると思っています。

私たちの直接の父母である寿量品、その寿量品の父母である方便品、私たちにとって、どちらが身近であるかといえばあきらかです。かと言って、祖父母を粗末にできるわけがありません。

仏を絶対の師と仰ぐ迹門

ところで、実のところ、この本迹二門の立てわけは、法華経の経文の面に、ここまでが迹門でここからが本門とはありません。西暦の六世紀、仏教でいうところの像法時代、中国の天台大師智顗が、法華経を解釈する時に本迹二門にわけたのです。

ではなぜ天台大師はそのように分けたのでしょうか。

どうして迹門と本門とに分けられるのかについて、述べてみたいと思います。

迹門というのは、この迹という字から判断されますように、迹は跡と同じことです。足跡という意味です。だから〔しんにゅう〕があります。

では誰の足跡なのか。

それは「仏」の足跡です。

仏の足跡をずっとたんねんに追っていくと、いつか必ず仏の本体に行きつきます。ちょうど雪道に足跡があれば、その足跡をつけてゆくと必ずその実物にあたるのと同じことです。それを要するに迹門というのです。つまり仏の足跡を、自分がそのままたどって行く、そのことを説いているのが迹門です。

その迹門の一番肝腎なところである方便品には、こういうふうに説かれています。

もしは、曠野の中に於いて、土を積んで仏廟を成し。乃至童子の戯れに、沙をあつめて仏塔となせる。かくのごとき諸人等、皆すでに仏道を成じき。（法華経並開結一八〇頁）

仏廟というのは仏のお墓です。

仏の墓、塚をつくり、あるいはまた、童子が遊んで砂を集めて仏塔を造る。つまり仏を恋慕渇仰する。ただそれだけでも私達は仏に成ることができるということが、この方便品には説かれています。

ですから迹門というのは、仏の足跡を訪ねてゆくのですけれども、それは仏のされたようにする場合もあるし、あるいは今の方便品の文のように、仏を恋慕渇仰するだけでも大変な功徳がある場合もあります。ともかく、いかにしても仏を絶対の師として仰ぐ、という点において根本的に変わりがありません。これが即ち迹門たるゆえんです。

それから同じ迹門でも、法師品第十にはこうあります。

薬王、在々所々に、もしは説き、もしは読み、もしは誦し、もしは書き、もしは経巻所住のところに、皆まさに七宝の塔をたてて、極めて高広厳飾ならしむべし。また舎利を安んずることをもちいず。所以《ゆえん》は何《いかん》、この中には、すでに如来の全身まします。（法華経並開結三九一頁）

七つの宝で荘厳して建てた塔に経典を安置すれば、舎利、即ち仏の遺骨を安置する必要はない。なぜならば経典が安置されてある塔は、すでにそのこと自体如来そのものを安置していることに他ならないからであると説かれています。

ここでは尊崇すべきは何か。

仏の舎利か、あるいは経典かが問われています。

そして仏の舎利ではなく経典が尊崇されるべきであると説かれています。それでもなおかつまだ、要するに塔を建てなさいと言い、そして仏の説いた経典を大事にすべきであると説かれております。でこれも結局仏信仰という範疇を越えるにはなっていません。

迹門と言うのは方便品においてはまだ、要するに仏自身を拝みなさいと言っております。ところが法師品では仏ではなくて、経典を安置して塔を荘厳にしなさい。こういうふうに説いているのが迹門です。つまり、方便品は仏そのもの、法師品は仏そのものではないけれども、その仏の説いた経典そのものを重要と考えています。

法華経の教えを受持する大切さを説く本門

そこで今度は本門です。本門ではどういうふうに説いているかというと、寿量品の次の品である分別功徳品第十七にはこう説かれてあります。

この善男子、善女人は、我が為にまた塔寺をたて、及び僧坊を作り、四事を以て衆僧を供養することをもちいず。(同五二四頁)

四事とは衣食住と薬のこと、ここでは釈迦が自分のために塔をたてる必要はない、また衆僧をいろいろなもので供養する必要もない、なぜかというと、

この善男子、善女人の、この経典を受持し、読誦せん者は、これすでに塔を起て僧坊を造立、衆僧を供養するなり。(同五二四頁)

と説かれています。仏のために塔を建てたり、仏の説いた経典を崇拝するために塔を建てたりというようなことをする必要はないというのです。そうではなくて、仏そのものや経巻そのものを崇拝するのではなくて、その経典に説かれてある内容を、たとえ一文一句でも受持することが、仏の塔を建てたり僧侶に供養するより、優先し大切であると説かれています。つまり、迹門は仏そのもの、あるいは仏の説いた経巻そのものを崇拝することを勧めているのに対して、本門では、教えの内容を受持することの方がより大切であり、優先すると説くのです。

更にまた薬王菩薩本事品第二十三にはこうあります。

もし、また人あって、七宝を以って三千大千世界を満てて、仏、及び大菩薩、辟支仏、阿羅漢に供養せん。この人の所得の功徳も、この法華経の、乃至一四句偈を受持する、その福のもっとも多きにはしかじ。（同五九九頁）

ここでは、金銀など七つの財宝で、三千大千世界を一杯にして、仏や菩薩や縁覚や声聞に供養する。そういう財宝をもって仏に供養する功徳よりも、この法華経の、たとえ一文一句でも受持する、その功徳の大きさには足りないのだというのです。経典や仏そのものを拝むのではなく、その経典に書いてある内容を受持するということが大事なのだ、ということが説かれています。それが本門です。

未来の弘通を地涌・本化の菩薩に託した理由

迹門というのは、いわば仏そのものを追跡しているわけです。足跡をたどっていく。仏の言った通りに修行していく。それが迹門です。それに対して本門というのは、仏の説いた内容を自分のものにする。すなわち教えを受持する。更に言うならば、仏の説教の根源、仏に教えを説かしめているものを自分のものにする。それが本門なのです。

ということは、仏の説いた「法」というものを、自分のものにするということです。究極的には「仏」を第一に信じるのではなくて「法」を第一に信じるのです。「法」というのは何か、それは「真理」です。諸法実相という真理です。

仏というのは、その諸法実相を悟って仏になったわけです。ですから、今度はその仏の跡をそのとおりたずねて、仏と同じ修行をする必要はないのです。仏の得たその真理だけを、私達は受持すればいいということです。そして、真理を自分のやり方でもって修行や生き方に反映させていく、そういう人達を地涌《じゆう》の菩薩あるいは本化の菩薩に求めました。地涌の菩薩とは、従地涌出品第十五に登場する上行菩薩を筆頭にした四菩薩のことです。

一方、迹門の菩薩たちを迹化の菩薩といいます。そして、釈迦は未来の法華経の弘通を、迹化の菩薩である文殊菩薩とか弥勒菩薩という菩薩達に付属しないで、わざわざ地涌の菩薩と呼ばれる菩薩達を呼んで、未来の弘通を託します。

なぜ釈迦はそのようなことをしたのか。その理由を考えなければなりません。

それは釈迦と弥勒菩薩などの迹化の菩薩と仏の関係を考えなければなりません。

一言で言えば、釈迦と弥勒菩薩などの迹化の菩薩との関係は、「衆生と仏」の関係です。

つまり、釈迦如来が教えて、そしてその通りに修行させて、そうして自分と同じような仏にさせる。そういう化導《けどう》を受けた菩薩たちが迹化の菩薩たちです。つまりは仏と衆生の関係なのです。

ところが、本門に至って登場する地涌の菩薩と釈迦の関係というのは、釈迦の弟子ではあっても、この「仏と衆生」の関係ではないのです。釈迦の修行時代に相当する修行を釈迦流ではなく、自分流で修行しているのが、この地涌の菩薩達なのです。

ということは、釈迦の弟子ではあっても、この菩薩達は自分の修行をしているわけです。要するに対等なのです。

釈迦の修行時代の修行をしているけれども、それは仏と衆生の関係ではなく、より対等の関係です。自分の修行をしているのです。釈迦の悟った諸法実相の修行をしているのです。

だから釈迦はこの菩薩達に法を付属したと考えられるのです。

釈迦と地涌・本化の菩薩の関係

法華経では、この菩薩たちは釈迦が法華経を説法し始める最初から最後まで聴聞していません。途中から登場し、また途中で退席しています。見方によっては、弟子であるにもかかわらず、随分失礼な菩薩たちと言えなくもありません。このことから、日蓮は「不孝の失あり」と記しているくらいです。

どうして、釈迦に対して、このような一見礼を失するようなことができるのかということです。こういうことができるのは、この地涌の菩薩と釈迦の関係は、仏と衆生の関係ではなく、つまり先輩後輩の関係だからということになります。したがって末法には、そういう師弟関係が相応しいと考えた釈迦は、迹化の菩薩たちではなく、わざわざ地涌・本化の菩薩たちに法を付属したのです。

ということは何を意味するのか。

私達も仏ではなくて、仏の悟ったその「法」を第一に信仰するということです。

それが上行菩薩を筆頭にする地涌の菩薩の修行の姿です。

それはつまり、仏の通りに修行する必要はない。自分の修行のあり方があっていいということです。

末法は末法無仏といい、あるいは末法には教のみあって行証なしと言って、無仏の時代。

仏がいない時に、では何をするか。仏を第一に崇拝しても仕方がありません。だから去年の暦といっています。もう仏はいない、というのを末法というわけですから、そういう時に法然みたいに別な仏を持ってきても、これは意味がないということになります。釈迦牟尼仏が阿弥陀仏に変わっただけですから。そんなラベルの張替えみたいなことをしてもいいわけがない。

末法にはそうではなくて仏の根源、仏の悟った「法」を私達が私達の修行のやり方で悟ればいい。ちょうど涌出品・寿量品に登場する本化の菩薩のようにです。寿量品には今述べたことが、明確にそのまま説かれているわけではありません。がしかし、経文の行間というか、経文の文面の奥に、そういうことを示唆することを説いていると日蓮は受け取ったのです。日蓮の言葉でいえば、寿量品の文の底に説かれる法門ということになります。

勝劣修行のあり方

日蓮の題目を正行とし、方便品・寿量品を助行とする勤行のあり方、すなわち方便品に始まり、次いで寿量品、最後に題目を行ずるあり方は、浅深勝劣の順に行ずる修行という意味で勝劣修行と称されています。

以上をまとめると、以下のようになります。

【勤　行】……重要なものを最後にという意味から勝劣修行
【方便品】（助行）舎利弗などの成仏を参考にする……十如是
【寿量品】（助行）釈迦の修行・成仏を参考にする
然我実成仏以来、久遠若斯…久遠実成《本果》
我本行菩薩道、所成寿命、今猶未尽《本因》
是好良薬　今留在此　汝可取服《良医の譬え》
【題　目】（正行）南無妙法蓮華経…上行菩薩の修行を目指す

古来より伝わる方便品・寿量品と題目の勝劣修行は、以上の意味を持って伝わってきました。信の宗教に相応しい修行と言えます。

法華経の構成

【迹門】　釈迦如来の跡を追う

序品第一　　序・如是我聞
方便品第二　　舎利弗の領解

譬喩品第三　三車火宅の譬え
信解品第四　須菩提・迦葉・迦栴延・目連授記
薬草喩品第五　三草二木の譬え
授記品第六　須菩提・迦葉・迦栴延・目連授記
化城喩品第七　三千塵点劫、化城の譬え
五百弟子授記品第八　富楼那・阿若憍陳如授記
授学無学人記品第九　阿難・羅睺羅《らごら》授記
法師品第十　迹門流通分
見宝塔品第十一　多宝塔の出現、虚空会
提婆達多品第十二　提婆達多・竜女の成仏
勧持品第十三　法華経の受持と弘教の勧め
安楽行品第十四　身口意請願の四安楽行

【本門】　自立・地涌の菩薩の修行

従地涌出品第十五　弥勒菩薩への弘教停止と上行菩薩等の登場
如来寿量品第十六　久遠実成

分別功徳品第十七	現在の四信・滅後の五品
随喜功徳品第十八	五十展転
法師功徳品第十九	五種法師の功徳
常不軽菩薩品第二十	不軽菩薩
如来神力品第二十一	上行菩薩結要付属
嘱累品第二十二	総付属
薬王菩薩本事品第二十三	薬王菩薩
妙音菩薩品第二十四	妙音菩薩
観世音菩薩普門品第二十五	観世音菩薩
陀羅尼品第二十六	陀羅尼
妙荘厳王本事品第二十七	妙荘厳王
普賢菩薩勧発品第二十八	普賢菩薩

六十四　【講話】盂蘭盆会

倉光　遵道

釈迦の弟子目連《もくれん》は、母親である青提女《しょうだいにょ》が、死後餓鬼道に堕《お》ちて苦しんでいる姿を見た。ここから盂蘭盆《うらぼん》の話は始まる。目連は、自分の持つ神通力で母親の苦をやわらげ、救おうとするが、一向に効果がないばかりでなく、かえってその苦を増してしまうばかりであった。どうしようもない目連は釈尊のもとに行き、母親を救う手立てを請い、教えてもらう。

七月十五日に、すべての修行僧を集め、さまざまな美味・珍味を揃えてもてなすという布施をし、その功徳によって母親の苦を救うべしと言われた。

はたしてその言葉通りにしたところ、母親の餓鬼道に堕ちる苦を一劫の間、免れることができた。その因縁を説いているのが盂蘭盆経である。この謂《いわ》れによって後世の人たちは七月十五日にお盆の行事を行ったのである。ただし、これは諸宗で通常語られていることである。

私（日蓮）が考えるに、目連は十界のうち、声聞の最高位である阿羅漢という位に居る修行者で、小乗仏教で定められた二百五十もの戒律をすべて守り、三千にならんとする威儀を欠けることなく備えるその姿は、まさに満月に譬えられるほどであった。智慧は太陽の如く光り輝き、神通力は須弥山を十四回も駆けめぐり、また大きな山をも動かせる力を持った人だったという。それほどの通常の人智を越えた目連であっても恩ある母親を救うことはできなかった。…（略）…

　されば、浄名経には在家の浄名居士が目連に対し「あなたを供養する者は、死後地獄・餓鬼・畜生の世界に堕ち、苦しむことになる」と言い、何のための修行かと責めたことが書かれている。これは小乗仏教修行者の限界を言い当てたものである。…（略）…

　結局、母親が救われないのは、目連自身が仏に成っていないためなのである。自分が成仏しなければ父母を救うこともできないし、まして他人を救うなど、どうしてできようか、できはしないのである。釈尊が正直に方便を捨てて実教を説いたように、目連も小乗の教えを即座に捨てて、新たに南無妙法蓮華経と唱えて法華経に帰依したところ、たちまち多摩羅跋《たまらばつ》栴檀香仏《せんだんこうぶつ》という仏号を受けることができた。目連の成仏が決定したときこそ、父母も同時に仏となった。…（略）…

　目連が法華経信受の功徳として自身の成仏が叶《かな》い、さらに父母をも成仏させることができたのである。（「盂蘭盆御書」）

【原文】「盂蘭盆御書」（弘安二年七月十三日）

七月十五日に十方の聖僧をあつめて、百味の飲食を調へて、母の苦は救うべしと云云。目連、仏の仰せのごとく行なひしかば、其の母は餓鬼道一劫の苦を脱れ給ひきと、盂蘭盆経と申す経に説かれて候。其れによて滅後末代の人々は七月十五日に此の法を行なひ候なり。此は常のごとし。

日蓮案じて云はく、目連尊者と申せし人は十界の中に声聞道の人、二百五十戒をかたく持つ事石のごとし。三千の威儀を備へて欠けざる事は十五夜の月のごとし。智恵は日に似たり。神通は須弥山を十四匝《そう》まき、大山をうごかせし人ぞかし。かかる聖人だにも重報の乳母の恩、報じがたし。……

されば浄名経と申す経には浄名居士と申す男、目連房を責めて云はく、「汝を供養する者は三悪道に堕つ」云云。……詮ずるところは目連尊者が自身のいまだ仏にならざるゆへぞかし。自身仏にならずしては父母をだにもすくいがたし。いわうや他人をや。

しかるに目連尊者と申す人は法華経と申す経にて「正直捨方便」とて、小乗の二百五十戒立ちどころになげすてて南無妙法蓮華経と申せしかば、やがて仏になりて名号をば多摩《たま》羅跋栴檀香仏《らばつせんだんこうぶつ》と申す。此の時こそ父母も仏になり給へ。……目連が色心は父母の遺体なり。目連が色心、仏になりしかば父母の身も又仏になりぬ。……目連尊者が法華経を信じまいらせし大善は、我が身仏になるのみならず、父母仏になり給ふ。

〔講話〕

盂蘭盆の行事と盂蘭盆経

暑い夏の真っ盛りに迎える盂蘭盆は、日本の仏教の中で、もっとも古くから始められた行事の一つです。聖徳太子（五七四〜六二二）の飛鳥時代・推古天皇が、「是年より初めて寺ごとに四月八日・七月十五日に斎《とき》を設く」と『日本書紀』の六〇六年（推古一四）四月八日の項にあります。斎とは慎みの意味で、部屋に籠って飲食や行動を慎み、身を清め、心を統一して不浄になるような行動を避けることで、当時、そうすることで仏と向かい合うということでした。四月八日とは、釈迦の誕生の日ですが、富士日興門流では、とりたてての行事はありません。しかし、七月十五日の行事、つまりお盆は一四〇〇年前のこの時に始まり、今に至っております。

奈良時代・聖武天皇（在位七二四〜七四九）の代に宮中行事として定着。平安時代には公家の間で法要が営まれ、鎌倉時代には、滅亡した平家のため、黄泉《よみ》（死者の赴く世界）を照らそうと、たくさんの明かりを灯《とも》した万灯会《まんどうえ》を修して死者の霊を慰め、日蓮聖人が活躍する直前の北条泰時（一一八三〜一二四二）の頃には、民家の軒先に灯籠を立てるまで普及したようです。江戸時代に入ると迎え火、送り火が焚かれるようになり、現在の夏の風物詩となっている火を使った行事、京都・大文字焼きや、青森・ねぶた祭り、秋田・竿灯《かんとう》祭りなども、この盆に灯《とも》される火に始まったものであるとされています。

このように早くから日本で盂蘭盆が定着するのは、盂蘭盆経という経典があり、インドの釈迦の時代まで遡るという言い伝えと、一般に受け入れられやすい先祖供養だったことでしょう。

この盂蘭盆経に説かれているのは釈迦の弟子の一人、神通力を得意とした目連尊者の母親を救う話です。死んだ母親が、死後、どのように暮らしているのか、安穏にいるのかどうか気になった目連は、自分の持つ神通力の才能を使って死後の世界を覗いていきます。

すると餓鬼の棲む世界で、飲み食いができずにやせ細った姿でおりました。変わり果てた母の姿に悲しんだ目連は、神通力を使って食物をすすめるのですが、母親が手に取り、口に入れようとすると火となって口に入れられず、かえってその身を焼くこととなってしまいます。急いで水をかけ、火を消そうとすると水が薪《まき》と変わり、さらに火の勢いを強めてしまいます。目連の神通力の効果がなく、熱い火から遁《のが》れることができないため、釈迦の下に行き救う手だてを請うたところ、母親は慳貪《けんどん》の罪深くして、餓鬼道に堕《お》ちているのであって、それを救うには夏の修行が明ける七月十五日に自恣《じし》（その日までおこなった夏の修行の反省懺悔をし合うこと）をする多くの修行者に対して食物を供えるという布施をせよといわれます。目連は、その通りにしてようやく母親を餓鬼道から救ったという話です。

法華経信受の目連による「母親の救い」

さて、こうした目連の話から盂蘭盆が始まったことは、当宗のみに限りません。禅宗や念仏系の宗派、天台から真言までの現在の各宗各派、皆、この時期になると目連の話をします。以前、宗派を問わないという民間の霊園に読経に出向いたとき、他宗の僧侶が盂蘭盆経の経本を持っているのをみると、その時期、墓前で読経する宗派もあるようです。

引用してある御書の「此は常のごとし」とは、盂蘭盆行事の始まりとなるその話は、他宗ではいつものことなのですが、それに続く「日蓮案じて云く」という以下の文こそが、法華経を依経とする聖人の主張です。そして、その部分には、単なる自恣の供養がもとで母親が餓鬼道から救われたということではなく、目連が法華経の会座《えざ》で仏となる証明を得たが故であるとの解釈が述べられております。

目連も仏教の修行者です。神通力を扱えるということは、それなりの位に位置しています。

実際、小乗二百五十戒の戒律を完璧に持ち、小乗における細かな礼儀の取り決めである三千もの威儀を備え、智恵もあり、神通を兼ね備えたほどの聖者だったといわれています。一般の人たちを遥かに越える能力を兼ね備えた存在でした。ところが、その目連の神通力であっても救うことできなかったということです。盂蘭盆経では、僧侶に対して供養することで母親を救うことができたとはいえ、それは一劫という期間限定です。一劫は、われわれからして相当に長い期間ですが、それでも有限であって未来永劫《えいごう》ではありません。

日蓮聖人がいうのは、自身が救われないのに、どうして母親を救うことができようか、ということです。法華経の信解品では目連が仏の記莂《きべつ》（仏になることの証明）を受けます。「南無妙法蓮華経と申せしかば」とは、法華経を信仰するということです。「やがて仏になりて……」の「やがて」とは「即座に」いう意味です。日蓮聖人は、その瞬間にこそ母親も救われたのだと述べられるのです。結局、永劫に救うのは、声聞・縁覚を越える徳をなみなみと備える修行者ではなく、法華経信受の目連自身によるということです。

盂蘭盆御書は、日蓮聖人の弟子・治部房日位の祖母に宛てられたもので、京都の寺に御真蹟が保存されております。

千の風になって

通夜の斎《とき》の席での質問

最近は聞くことも少なくなってしまいましたが、ひところは「千の風になって」という曲を、よく耳にしました。葬祭場の出棺の際に流したりしていたのですが、先日も、たまたま話をした、ある葬儀社の担当者も、当時はよく使用したと言っていました。その曲が流行《はや》り始めた頃、ある通夜の斎《とき》の席で、身内の方から、

『千の風になって』という歌がありますねぇ」

と、問いかけられたことがありました。当時私は、曲自体は何となく耳にしていた程度でしたので、

「いい曲ですね」

というような曖昧《あいまい》な返事しかできませんでした。その場はその程度のやりとりだけで終わりましたが、場所が場所だけに、曲の善し悪しの話ではなく、何か聞きたかったのではなかったのかと、帰ってから考え直してみました。

「千の風になって」には「泣かないでください」から、「あなたを見守る」、「死んでなんか

いません」と続き、亡くなった側から、生きている側への慰《なぐさ》めの言葉が綴られています。私に尋ねられた方は、この歌詞に同感なさったのではないでしょうか。そこで、こうした考え方はどうなのかということを聞きたかったのではなかったか。ところが、歌詞の中では、「そこ（お墓）に私はいません」ともあるため、墓前で読経する僧侶に対して聞いていいものか迷い、問いかけが中途半端になってしまったのではないかと思いました。その後、七七日忌があったので、お経の後の説法でこの歌を取り上げ、お話ししました。

本来、仏教ではお骨に魂はないと考えます。あの歌詞の通りです。墓に魂が眠っているわけではないのです。では墓の中に収められているお骨とは何かといえば、生前のその人の身体の一部であったものです。単なる脱け殻ではなく、故人をかたちづくっていた一部として大事にするべきものです。

お骨にまつわる話

ずいぶん前の話になりますが、私のところに父親のお骨を持って来られたかたがいらっしゃいました。墓地を購入するまでということで、預かることにしましたが、そのときに預け主が、

「もし、こちらで預かってもらえなかったら、私はこの骨を食べてしまおうかと思っていました」

と言ったのです。でも、実際にそうすることはないでしょう。その方とは特に親しい関係というわけではなかったのですが、冗談めかしとしても、そう言われたことにとても驚いてしまいました。

ところが以前まったく別の人が、同じようにお骨を食べるということを言っていたことを思い出し、そういう思いは誰でも持ちうることなのだと認識させられました。ただ、口にするといっても条件があります。父親、母親のお骨に限るだろうと思います。子供というものは両親の半分ずつを受け継いで生まれてきます。子供の身体は親の一部とすれば、親のお骨を腹の中に収めようという思いに違和感はないのかもしれません。ですが祖父母やおじ・おばは無理なのではないでしょうか。やはり血の繋がった両親に限ることになるのではないかと思います。

お骨に纏《まつ》わることでもうひとつ、太平洋戦争後の遺骨収集話です。あの戦争後の日本では、生きて帰ることなく海外で命を落とした兵士の慰霊祭を行い、二百四十万人にのぼる戦没者の遺骨収集が始まりました。現地の人たちにも協力を仰ぎ、ともに遺骨を探し集めるという厚生労働省の事業は、令和の現在でも続けられています。戦後八〇年近くになっても収集したお骨をＤＮＡ鑑定をし、英霊となって遺族に届けられています。お骨は生きた人間と同じです。お骨が戻ることで、やっと故人が帰ってきたと、気持ちの区切りをつけられる遺族は多いのです。

そうして考えてみると、お骨は故人そのものです。しかし、その中に魂があるということではありません。お骨は、大事にするものであって、魂があると執著するものではないのです。

地獄や仏世界も、人の心の中に具わっている

また、あの歌の歌詞の中で、

「（故人である私は）風になり、光になり、雪になる。そして朝には鳥、夜は星になって、あなたを見守っている」

とあります。亡くなった者はどこに行くのかということは、昔から皆の関心のあるところです。死後の世界が語られるのは、関心があるがゆえです。ときどき、その世界を覗いてきたという人の話を耳にすることがあります。いろいろな花が咲き誇り、明るい光に満ちているところであったり、すでに身まかった人たちもいて、懐かしい顔が揃っているのだそうです。

押し並べて悪いところではなさそうです。しかし、いくらよいところと言われようが、釈然とはしません。「悪いところではないのだろう」とは思っても、自分で確認できないのでは、今ひとつ納得がいきません。

今ひとつ確実ではない死後の別世界を想像するよりも、もっと確実に故人と相まみえることができるのは、自分の心の中ではないでしょうか。故人と縁が深ければ深いなりにたくさんの思い出があります。それらは折に触れてよみがえってくるものです。仕事が忙しい、家事や家のことに手がかかるという間は、忘れてしまうかもしれませんが、忘れ切ってしまうわけではありません。故人と共に過ごした場所など縁の深いところで、ふとそのときを思い出すことがあるものです。本当に忘れ去ってしまうのは、二度と思い出せないということです。そうでなければ、普段は日常にかまけて隠れているだけのことで、遺品を見たり、命日を迎えたりするときに、ふと思い出すのです。そして、それは生きている限り続きます。それは故人が亡くなった後は、生きている人たちの中に居場所を変えるということではないでしょうか。日蓮聖人が、

「地獄と仏とはいづれの所に候ぞとたづね候へば、……我等が五尺の身の内に候とみへて候」

と書かれているのは、地獄や仏世界などの十種の世界は、もともと人の心の中に具わっているという意味です。地獄にしても、仏の世界にしても、もしかすると死後の世界も、それら

はあるのかもしれませんが、確認できない外の世界を探すよりも、自分の心中の地獄や仏の世界を知ることのほうが実感できるはずです。よい世界も、悪い世界も自分に具わり、さらに故人も同じく自分の中にあるとしたら、自分の心の持ちようで故人は変わります。殺伐とした心で故人を思っても、悲しい顔をされてしまいます。反面、穏やかな心持ちで偲ぶことができれば、微笑《ほほえ》みかけてくれたり、励ましてもくれそうです。

歌詞のように、故人がいろいろな姿形に変わって、あなたの傍にいて、見守っているというのは、私たちの心中の故人を、周りのやさしい光やそよ風をスクリーンとして写し出しているといえます。そこにいる故人はやさしい眼差しで微笑んでくれたりするのです。そうした故人の姿に対し、こちら側からの返しもあります。

死者の願いと、法要の意義

ずいぶん以前のことですが、旅客機の墜落事故がありました。過去の機体の損傷が原因で、飛行中に操縦不能となり、目的地の飛行場へのルートから大きく外れ、富士山を回るようなかたちで三十分の迷走ののち、山中に墜落してしまいました。機体の維持がままならず、不安定ななかで、遺書を書いた乗客たちもおりました。事故現場から見つかったそのメモは、家族をはじめとする生きている人たちへの感謝や、励ましなどが書かれていたそうです。

人が死を意識するときに何を思うでしょうか。さまざまな状況があるでしょうが、通常は、おとずれる死を迎え入れるしかありません。最期を迎えるかもしれない機内で書かれた遺書には、生きている人たちへのメッセージでした。死を間近にしたとき、頭の中をよぎるのは身近な人への心配や気遣いです。その思いが遺書に表れます。残された生者は死者の冥福を祈る一方で、死者は生者の過去と将来を思うのです。「元気で仲よく生きてほしい」と死者が願うのであれば、生者はその思いを返すのが、供養というものではないでしょうか。命日を重ね回忌を経ながら、精神的にも健やかに生き続けるのは、死者の願いでありましょう。その思いを基本として、死者への読経、区切りの法要の意義があると考えるべきであります。

烏竜・遺竜

御遺文に見られるさまざまな相談事

日蓮聖人は六十歳で亡くなりました。当時の年齢は数えですから、六十一歳と記録されていますが、現在の満年齢では還暦ということになります。現代では少し早いように思いますが、当時の鎌倉時代の平均寿命です。

日蓮聖人は、幼少期こそ千葉の清澄寺で過ごされますが、二十代半ばより京都・奈良に遊学し、三十歳を過ぎて立宗してのちは、一所《ひとところ》に安住することなく、鎌倉や、千葉、伊豆の伊東、佐渡など、転々として布教されていました。やっと落ち着かれるのは、山梨県の身延に入ってからで、このとき五十三歳でした。生涯の最後の八年ほどは身延で過ごすことになります。鎌倉に入って本格的に布教を始めて二十年ほど。聖人が年をとると同じく、周囲の信徒も年を重ねていきます。人生の喜怒哀楽を積み重ねていくのですが、年月を経たやりとりは、当時の手紙から読み取ることができます。

日本の宗教史上、いろいろな宗祖・開祖がおりますが、その中でも手紙類が一番多く残っているのが日蓮聖人です。朽ちやすい紙は残す努力がなければ、散逸《さんいつ》してしまいがちです。現代まで残っているのは当時の弟子たちの尽力の結果です。その手紙は、特に五十歳ごろからのものが多く、周囲の弟子が丁寧に書き写しもして残されています。その手紙を見ると、信徒とのやりとりを通して信仰の考え方を述べたり、生活に対するアドバイスがあったりと、聖人だけではなく、信徒の様子も伺い知ることができます。鎌倉幕府に仕えるある武士からは、主君や同輩との人間関係についての悩みごともあったようですが、そうした相談事のなかでも一番目につくのは、やはり人の死についてです。

佐渡に住むご婦人は夫を亡くし、そのお骨を知り合いに託して聖人のいる身延に埋葬します。また千葉にいる方は、母親のお骨を、やはり日蓮聖人のそばに埋めました。日蓮聖人の周りの方たちも、生きていく上で別れと悲しみを経験していました。

夫・父・息子を亡くした婦人への手紙

日蓮聖人が五十九歳のとき、あるご婦人から十六歳の息子を亡くしたとの知らせを受けます。子どもに先立たれた親の悲しみが強かったようで、丁寧な返事を書かれております。夏の頃には身延の日蓮聖人を尋ねて元気な姿を見せ、父親に似て将来は立派な男になるであろうと楽しみに思っていたところに、急な変事に、但驚くばかりであると書き、繰り返し書状を出して慰めております。おそらくご婦人からも複数の書状が送られていたのでしょう。それに対するお悔やみの言葉、慰めの文は、ありがたいこととはいえ、このご婦人にとっては、もっと大事な、聞きたいことがあったと思います。

実は、このご婦人は、十六年前に夫を亡くし、二年前に実の父親を失っておりました。そこに、今子どもを亡くし、跡取りは健在としても、父親の顔を知らずに育った下の子どもを亡くしてしまうという度重なる悲しみに、信仰する者としてどう受け止めていったらいいのかということを知りたかったのではないかと思います。それに対する、日蓮聖人の返答があるのではないかと思い、書状を読んでみますが、信仰の大事さを述べるところはあっても、母親の悲しみへの返答に、これといったものは見当たりません。ただ、ひとつのお手紙のなかに、ある喩え話が書かれているものがありました。

それは、昔の中国の父と息子の話です。ある国の皇帝に書記のような役目で仕えている烏《お》竜《りゅう》という者がいました。字が上手だったので、命に従い、当時流行《はや》っていた道教の経典を書き写していました。あるとき、烏竜は息子の遺竜《いりゅう》に向かって、遺言めいた話をします。もしも自分が死んだら、お前（遺竜）も達筆なので、私の跡を継いで、同じように皇帝に使えることになるだろう。そのとき、ただひとつ言っておくことがある。道教の経典の書写はいいが、仏教の経典の書写をしてはならない、とそう言いました。

その後、父親は死に、その言葉が本当に遺言となってしまいました。そして、予想通り父親の跡を継いで、同じように道教の経典を写す毎日となりました。時は次第に道教から仏教へと変わっていきます。すると皇帝も道教から仏教へと興味が移り、仏教の経典を手元に置きたくなりました。あるとき、遺竜を呼び、手に入れた法華経を見せて、書写を命じます。しかし、遺竜は父の遺言を楯に、皇帝の命を断ります。皇帝も、子ならば父の意に従うのは当然といい、その場は命令を取り下げますが、幾日かたつと欲しくなって、再び遺竜を呼び、書写を命じます。やはり遺竜は断ります。

ところが今度は皇帝が怒ってしまい、

「お前は私の家来ではないか。家来は主君の命に従うのが仕事ではないのか」

と迫ります。遺竜は主君と親の両方に挟まれ、どちらを選ぶこともできず、困り果ててしまいます。そこで皇帝は妥協案を出します。経典をすべて書き写すことはしなくてもいいが、せめて経題だけでも書いてくれないかと言うのです。遺竜はやむなく「妙法蓮華経巻之一」から八までの六十四文字を書写します。それで皇帝に許され帰るのですが、そのまま父の墓を訪《とぶら》います。父の意に反したことを墓の前で泣いて詫びているうちに、泣き疲れて眠ってしまい、夢を見ます。

夢の中で、ある立派ななりをした老人が近づいてくるのです。誰かと思い名を問うと、「忘れては困る、私はお前の父親ではないか。実は、お前にあのようなことを言い残したがために、死後、大変な苦しみを受けることになってしまったのだ。ところが、お前が経題を書き写してくれたおかげで、私は助かった。それで、お前に礼を言いに来たのだ」と言うのです。

遺竜にしてみれば、不思議な話です。自分は良かれと思ってしたのではなく、不本意とし嫌々したことなのに、なぜ救われるのか。また、書いたのは自分なのに、なぜ父親が救われることになるのか。父親は関係はないのではないか。それに対して父親は答えます。お前の手は、父である私の手と同じではないか。お前が書いたということは、それは即ち私が書いたということだ。そして今、図らずもお前はいいことをした。いいことをしたならば、その果報があるのは当然だ。もし知らずとも悪いことをすれば、その報いを蒙ることになるのだ。
そう言ったとき、夢は終わります。

日蓮聖人はこの喩え話を書かれております。この話の登場人物は皇帝、父親（烏竜）、息子（遺竜）の三人。そしてポイントは、死んだ父親を救ったのは、生きている子どもである、ということです。話の中に仏は出てきません。普通は仏やら菩薩が登場しての救済話ですが、ここでは生きている子どもが法華経で救うのです。日蓮聖人は、このことを子を亡くした母親に言いたかったのではないかと思います。今は、悲しみが募るばかりで、涙の毎日かもしれないが、落ち着いたらこの話を思い出してもらいたい。そして、夫や父や子どもを救うのは、生きているあなた、お母さん次第であるということです。

昔は郵便はありません。手紙は弟子が届けていたようです。届けたついでに読んで聞かせたり、時には、日蓮聖人はこう言っていたというような説明もあったかもしれません。そのときにこの喩え話の説明もあったことと思います。その説明を確認することはできませんが、おそらくお母さんの励ましにつながる信仰の意味であったに違いありません。

七百年前も現在も、人の死の悲しみは同じです。母親と同じように、その悲しみをどのように受け止めたらよいかと尋ねるならば、同じように答えてくれるのではないかと思います。

そして、この生きている自分の生き方が、故人の成仏に結びつくというのは、供養の本義でもあります。その本来の意味を忘れてはならないことであります。

【付録】①花山勝友「題目と念仏」

現在の日本で、もっとも多く唱えられている仏教の聖句は、題目といわれている「南無妙法蓮華経」と、念仏といわれている「南無阿弥陀仏」とであろうと思われるが、まことに残念なことにこれらの聖句について知っている日本人は極めて少ないようである。

もともと仏教には、三宝とよばれる三つの帰依の対象があった。全体的には「帰依三宝」または「南無三宝」ということになるが、日本仏教の宗派の場合、これら三宝の中のどれか一つに特に重点を置く傾向にあったために、さまざまな形の聖句が出来上がっているのである。

三宝というのは、仏・法・僧の三つのことであり、聖徳太子も「十七条憲法」の第二条に、「篤く三宝を敬え、三宝とは仏法僧なり」と述べているので、おそらく読者も言葉だけは知っていることと思う。

「仏」というのは、仏陀の省略で、「さとれる者」という意味を持った言葉であるから、当然ながら、仏教の開祖である釈迦牟尼仏をこの尊称でよぶことからはじまった。

ところが、大乗仏教になると、この釈迦牟尼仏以外にも、阿弥陀仏・薬師如来・大日如来といったさまざまな仏が説かれるようになり、さらには、観音菩薩・文殊菩薩・地蔵菩薩といった多くの菩薩の存在も説かれるようになったために、はじめは単に「南無仏」という言葉だけですんでいたものが、どの仏または菩薩に帰依するのかといったことをあらわすために、固有名詞をつけた「南無阿弥陀仏」「南無観世音菩薩」といった形の、帰依をあらわす聖句が生まれてきたのである。

同じことが仏によって説かれた教えを意味する「法」についても言える。この法、経・律・論という三蔵に分類し、その一つ一つについて「南無経」「南無律」「南無論」という形が考えられるのであるが、経にも多くの種類があって、その中のどのお経に帰依するのか、ということをあらわすために「南無妙法蓮華経」という形の句が生まれてきたのである。

したがって、もともとは「南無法」であったものが「南無経」となり、そして「南無妙法蓮華経」となったといってよいであろう。

ちなみに、「南無僧」の場合も、どの僧に特に帰依するのか、ということから、さまざまな形が考えられてくるのであるが、日本においては、弘法大師空海に対する帰依を表明する「南無大師遍照金剛」がもっとも有名である。

このように考えてくると、題目も念仏も、ともに南無三宝の一部であり、それぞれの宗派が、特に帰依の対象としてとりあげている「お経」または「仏」に対する絶対帰依の表現、ということがわかるだろう。

題目を唱えている宗派は、日蓮によって創始された日蓮宗がもっともよく知られているが、その系統から生まれてきた、いわゆる新興宗教とよばれているものも、すべてこれを唱えている。

念仏の方は、浄土教と総称されている宗派のすべてが唱えているが、中では、法然によって開かれた浄土宗と、親鸞を開祖とする浄土真宗とがもっとも有名である。なお、法然の流れが専修念仏とよばれる行としての念仏であるのに対し、親鸞の流れの念仏は、報恩念仏とよばれる感謝の表現としての念仏なのである。（『仏教説話大系』月報4）（武蔵野女子大学教授）

【付録】②戸頃重基「仏本尊か法本尊か」

仏本尊か法本尊か、の論争は、祖滅後まもなく日興と他の五老僧とのあいだに発生し、それが最初の教団の分裂となった。……

日蓮の主著が『観心本尊抄』にあるとする見解は、若干の例外を除けば、今日、日蓮専門家の定説である。そうだとすれば、観心の対象となる己心《こしん》こそ本尊でなければならないはずであるのに、主著の観心本尊、つまり法本尊は無視され、仏本尊が、しばしば日蓮系の本尊観を支配してきた。そのため十界互具・一念三千・久遠実成などは、すべて本尊教理の絵空ごとに終わったのである。……

木像・絵像のなどのいわゆる仏本尊は、礼拝者の感覚的与件《センスデータ》となりうるから、それは、一見、漠然とした抽象的な法本尊と異なり、儀式執行上の便宜さはたしかに認められる。ただ便宜さというだけでなく、視覚をとおして儀式参加者の聖なる情感に訴えやすい、という利点をもつ。

これに対し、自己に内在して自己を超越する法本尊には、儀式上の便宜さもなければ、情感にうったえる利点もない。そのうえ、自灯明に輝き法灯明を照らす法本尊は、「即是道場」の教理に対応しえても、教団や儀式を必要としないのである。

それゆえ一般に、本尊の後光を背にする教団の司祭者たちは、みずからの特権を確保するため、どうしても法本尊を無視したがるという共通の弊害に陥った。

しかし、宗教は儀式からはじまったのではない。まず宗教があって、教団や儀式がはじまったのである。とくに宗教のなかでも仏教は、釈迦の出家求道と、菩提樹下の悟りからはじまった。

そして釈迦にこのことを可能ならしめたのは、能証の悟りに先行して、所証の真理が実在していたからである。真理こそ、仏教のまさに原点でなければならない。……

日蓮は、南無妙法蓮華経の題目広布に全生涯を賭けた。南無妙法蓮華経とは、妙法蓮華経に帰依する、ということである。そうすれば、帰依される対象、妙法の本尊となるのが当然ではないか。唱題の形式そのものが、すでに法本尊を証言しているのである。

もし仏本尊、すなわち釈迦を本尊とするのであれば、唱題は南無妙法蓮華経ではなく、南無釈迦牟尼仏と改めるべきなのである。(『日蓮教学の思想史的　研究』より抜粋)（金沢大学教授）

【付録】③「日蓮年表」

承久四（一二二二）　二月十六日　日蓮安房国東条郡小湊に誕生、幼名善日麿
嘉禎三（一二三七）　十六歳　安房・清澄寺にて道善房を師として得度、是聖房と称す。
後各地遊学
寛元四（一二四六）　三月八日　日興、甲州鰍沢にて誕生
建長四（一二五二）　三十一歳　比叡山を下り、郷里の清澄寺に帰る
　　五（一二五三）　三十二歳　清澄寺にて立宗宣言、翌年清澄寺を退出
正嘉元（一二五七）　三十六歳　鎌倉に未曾有の大地震
　二（一二五八）　三十七歳　全国の田園、大風・大雨洪水により甚大な被害、日興弟子
となる
正元元（一二五九）　三十八歳　大飢饉、大疫病
文応元（一二六〇）　三十九歳　立正安国論を幕府に提出、念仏者草庵を襲撃（松葉ヶ谷法難）
弘長元（一二六一）　四十歳　伊豆流罪

三（一二六三）　四十二歳　赦免、鎌倉にて布教再開
文永元（一二六四）　四十三歳　母の病気見舞いのため帰郷、東条景信襲撃（小松原法難）
三（一二六六）　四十五歳　法華題目抄
八（一二七一）　五十歳　龍の口法難、佐渡流罪、日興佐渡随身
九（一二七二）　五十一歳　開目抄
十（一二七三）　五十二歳　観心本尊抄
十一（一二七四）　五十三歳　赦免（二月）、三回目の国家諫暁（四月）、身延入山（五月）、蒙古襲来（十月）、万年救護本尊書写（十一月）
弘安二（一二七九）　五十八歳　熱原法難、伝戒壇本尊造立
四（一二八一）　六十歳　蒙古襲来
五（一二八二）　六十一歳　池上宗仲邸にて入滅

参考文献

①『昭和定本日蓮聖人遺文』（昭和二十七年刊、立正大学宗学研究所編。総本山身延山久遠寺発行）
②『昭和新定日蓮大聖人御書』（昭和四十一年刊、日蓮大聖人御書編纂会編、日蓮正宗富士学林発行）
③『法華経並開結』　大石寺発行
④『平成新編日蓮大聖人御書』　大石寺発行
⑤『岩波仏教辞典』　岩波書店
⑥『日本古典文学全集』　小学館
⑦『富士学林研究教学書』　富士学林発行

編集後記

令和二年（二〇二〇）一月の年頭に、
「今年は宗祖日蓮聖人の生誕七百九十九年に当たります」
とお話致しました。その節、翌年の日蓮聖人八百年記念に当たりまして、何か記念になるようなことを致したいと考えていますとお話ししました。

私としては、久々に記念の出版物を考えていましたが、同年二月、三月と新型コロナウィルスの感染が世界中に広がり、日本においても各地で感染が広がるようになりました。本門法華堂においても、彼岸会や盂蘭盆会、日蓮聖人のお会式の法要においても例年と異なり、わずかな人数にて、勤行唱題という法要になり、不自由な布教活動をしなければなりませんでした。

そうした中、新型コロナウィルスの感染も次第に落ち着く気配が見え、日蓮聖人生誕八百年記念として以前より準備していました『自灯明・法灯明』がようやく刊行の運びとなりました。

私としましても皆様の元気な姿を拝見しながら、法華堂本堂において気兼ねなく講話をするのが勤めであります。この出版を契機に、皆様と一緒に声高らかに一緒に勤行唱題できるようになりますことを切に願っています。

なお、本書収録の原文としましての日蓮御書に関して、後世のものと分類されているものもありますが、内容的に日蓮聖人の教えをわかりやすく、一歩進めたものと思われますので、日蓮聖人の御書に準ずるものとして、採用いたしましたことを付記します。

また、この度は永年の知友でもあります松本修明上人の紹介とお骨折りにより、国書刊行会から出版の運びとなりました。同上人が三〇年近く復元に取り組んで来られた『日蓮聖人口決集』（全二〇巻）の第一回配本『法華玄義口決』（全五巻）が二〇二二年（令和四）九月に、第二回配本『法華文句口決』（全六巻）『法華経開結口決』（全一巻）が二〇二三年（令和五）三月に刊行され、それを機縁に本書出版が国書刊行会の佐藤今朝夫社長（当時、現・相談役）のご快諾を得られましたことを感謝いたします。合わせて『日蓮聖人口決集』（全二〇巻）の編集・組版担当の国書サービス割田剛雄・吉原悠氏に、本書の編集・組版を担当していただき、編集上の有益な助言をいただきました。有りがたき法仏の縁の賜物と心より深謝申し上げます。

令和六年（二〇二四）十月お会式の日に当たって

関　慈謙

著者
関　慈謙（せき じけん）

昭和27年、鹿児島県に生まれる。昭和40年、日蓮正宗に得度。昭和57年、創価学会・池田大作を批判して宗門より擯斥。昭和62年、下関市に本門法華堂設立、現在に至る。著書『伝燈への回帰』『自立』『私の中の仏』『発想の転換』等。早稲田大学・大正大学大学院仏教学部修士課程修了。

倉光 遵道（くらみつ じゅんどう）

昭和28年、秋田県に生まれる。昭和44年、日蓮正宗に得度。昭和57年、創価学会・池田大作を批判して宗門より擯斥。昭和63年、越谷市に法華堂設立。現在に至る。著論文『法体の広宣流布と化儀の広宣流布』『自立』『信ずるということ』『本尊に添えられた賛文の意味』等。創価大学除籍。

日蓮聖人《にちれんしょうにん》の言葉集《ことばしゅう》　自灯明《じとうみょう》、法灯明《ほうとうみょう》

2025年4月28日　第1版第1刷発行

著　者　関　慈謙
倉光　遵道
発行者　佐藤　丈夫

〒174-0056 東京都板橋区志村1-13-15
発行所　株式会社　国書刊行会
TEL.03(5970)7421(代表)　FAX.03(5970)7427
https://www.kokusho.co.jp

ISBN978-4-336-07605-2

印刷／製本・株式会社エーヴィスシステムズ
定価はカバーに表示されています。
落丁本・乱丁本はお取替いたします。